网络视角下
产业循环结构研究

陈效珍 著

中国财经出版传媒集团

经济科学出版社
Economic Science Press

·北 京·

图书在版编目（CIP）数据

网络视角下产业循环结构研究/陈效珍著 . -- 北京：
经济科学出版社，2024.3
ISBN 978 - 7 - 5218 - 5696 - 5

Ⅰ.①网… Ⅱ.①陈… Ⅲ.①产业经济 - 循环经济 -
经济结构 - 研究 - 中国 Ⅳ.①F269.2

中国国家版本馆 CIP 数据核字（2024）第 047793 号

责任编辑：撒晓宇
责任校对：刘 娅
责任印制：范 艳

网络视角下产业循环结构研究

陈效珍 著

经济科学出版社出版、发行 新华书店经销
社址：北京市海淀区阜成路甲 28 号 邮编：100142
总编部电话：010 - 88191217 发行部电话：010 - 88191522
网址：www. esp. com. cn
电子邮箱：esp@ esp. com. cn
天猫网店：经济科学出版社旗舰店
网址：http://jjkxcbs. tmall. com
北京密兴印刷有限公司印装
710×1000 16 开 9.75 印张 150000 字
2024 年 3 月第 1 版 2024 年 3 月第 1 次印刷
ISBN 978 - 7 - 5218 - 5696 - 5 定价：42.00 元
（图书出现印装问题，本社负责调换. 电话：010 - 88191545）
（版权所有 侵权必究 打击盗版 举报热线：010 - 88191661
QQ：2242791300 营销中心电话：010 - 88191537
电子邮箱：dbts@ esp. com. cn）

前　　言

面对新的世界经济大环境，2020 年 11 月 25 日，刘鹤在《人民日报》发表署名文章，详解加快构建以国内大循环为主体、国内国际双循环相互促进的新发展格局的问题。要实现经济的循环流转，首先需要认识产业循环，分析产业循环结构。产业网络是分析产业之间关联关系及其结构的有效模型，循环结构是产业网络的重要子图，其内部各个产业之间存在可以相互通达的通道。本书围绕产业循环，以无权和赋权两类产业网络模型为基础，采用图与网络等研究方法，从多个角度对产业网络上的循环结构展开研究，并以中国 2020 年的投入产出数据为基础，进行了实际的应用分析。

第一，分析总结了产业网络上的各类子图。子图是产业网络中多个产业之间具有特殊经济技术联系及其关系的结构，反映子系统的关联结构特征与性质，表现某些特殊性质，具体有星型子图、网络的最长路、最大生成树、强连通子图（即循环结构）等。

循环结构是产业网络的重要子图。根据相互之间的供给和需求，依据产品在产业之间的流向进行分析可以发现，产业网络中存在着这样一种结构，它由几个产业组成，其内部存在着产业循环关联，即一个产业为后续部门提供产品，同时后续部门的产品又返回相关的先行产业。这种循环关联使得结构中任意一个产业的变动都可以传递到其内任意其他部门，反馈效应又将其传至初始部门。由于强连通子图中任意两个顶点之间都存在着相互可达的路径，循环结构中产业之间的关系格外密切。

第二，以无权产业网络为基础，构建一系列指标，从多个角度衡量单个产业在产业循环过程中的地位和作用。其中，产业圈度是一个基础概念。产业圈是循环结构的基础单元，圈内任何一个产业经过其他不同的产业后一定可以返回自身。一个产业的圈度是经过它的产业圈数量。以产业圈度为基础，又可以扩展出产业绝对圈度、循环结构的圈度、产业圈度百分比、循环中心性系数等多项指标。

广义产业圈度描述了产业的实际循环路径，是经过一个产业的实际循环闭通道的数量，每循环一次就计入一次。相比于产业圈度，广义产业圈度增加了圈长及多种类型闭通道的影响，不限制圈内各个产业相同与否，更接近现实情况，广义产业圈可视为多个产业圈的组合。由于循环的无限性，只有限定了产业扩展的步数（也就是圈长）才有意义。从计算结果看，它更多地描述了一种趋势，因为循环进行到一定阶段以后各个产业在循环中的地位基本稳定下来。

第三，根据赋权产业网络，提出产业循环度的概念。产业循环度在前面的基础上，增加考虑了边的关联强弱的影响，定量描述一个产业由于关联而形成的对自身的全部拉（推）动力之和。产业循环度的概念同时考虑了圈长、边的强度和产业内部循环的影响。产业循环度又可分为总的循环度、产业内部的循环度以及产业之间的循环度。

计算实例表明，以上结构指标各有特点，从不同侧面描述了产业在经济循环中的地位和作用。从数值上看，产业循环度更接近现实，不过没有关联强度等的干扰，产业圈度更能体现关联结构的特征。

第四，研究了循环结构中描述多个产业之间关联紧密程度的模型——循环核。当多个产业之间关联紧密，具有同样的循环属性，并且对其周围产业的循环具有重要影响时，它们组成循环核。一个循环结构内部可能存在多个等级的循环核，最高等级的循环核是整个循环结构的中心，结构内产业之间呈现出一种围绕着循环核由紧密到疏松的关系状态。二级循环核是剔除最高等级循环核之后剩余的循环结构的中心，依次向下。计算结果显示，中国 2020 年的产业网络循环结构中包含着四个等级的循环核，第三、四级的循环核分布于前两级循环核的周围。

第五，本书提出了产业关键循环通道的概念。当网络中一条通道上的所有边的关联系数同时较大时，信息从进入通道到流出通道会比较通畅，对通道上各个产业的影响也比较显著，成为关键通道。由于信息漏失必定存在，较长通道的总关联系数变得非常小，研究意义不大。不过产业网络上关联众多，从中找出影响最大的关键循环通道有一定难度。本书在赋权产业网络的基础上，研究了探寻产业关键循环通道的方法，并根据是否考虑产业内部的循环进行了分类。计算实例表明，当通道的长度达到四及以上时，影响非常微弱。

本书的主要创新点体现在以下几个方面：

第一，为了研究产业循环结构内部各个产业之间的关系，提出了循环核的概念。循环核是循环结构内的子循环结构，其内部各个产业具有相同的循环特性，并且对整个结构的循环也具有重要影响。挖掘循环核的过程，也是梳理循环结构内部产业之间关系的过程。

第二，构建了产业循环度的概念模型。由于循环通道的长度和每条边的关联强度都会影响产业循环，为了更精准地分析各个产业在产业循环关联中的地位和作用，本书在赋权产业网络的基础上，提出产业循环度的概念，并对产业内部的循环和产业之间的循环进行区分，研究计算方法，并应用于中国 2020 年的产业网络。

第三，提出了产业关键循环通道的概念，并设计在众多的产业关联中筛选关键循环通道的方法，挖掘产业网络中不同长度的关键循环通道，反映区域经济结构特征。

产业网络是关于产业关联结构的模型，循环结构是产业网络上的重要子图。研究产业网络的循环结构，对于分析区域中各个产业之间的循环关联及结构特征等问题具有重要的意义。在循环结构中处于重要地位的主导产业的发展不仅可以带动其所在经济中心内各部门的发展，还可以带动其他多个主导产业，使多个经济中心共同发展。在国内大循环为主体、实现国内国际双循环的大背景下，研究国内产业循环路径，通过引导可以通畅关键的产业关联，扩大循环的深度和广度。本书对产业网络上循环结构的研究，为人们从结构视角研究产业循环提供了方法，也为类似网络的研究提供了工具，具有一定的理论和实践意义。

目　　录

第1章 绪 论

1.1 研 究 背 景

面对新的世界经济大环境，需要加快构建以国内大循环为主体、国内国际双循环相互促进的新发展格局。"构建新发展格局，关键在于实现经济循环流转和产业关联畅通"①。要实现经济循环流转，首先需要了解经济循环过程，认识在经济发展过程中哪些产业参与了循环，各个部门在循环中所起到的作用，同时还要认识循环中影响最大的产业循环通道，以及循环结构中各个产业之间的关联紧密程度。根据这些的特点，以客观经济规律为基础制定策略，排除循环道路上的障碍，才能做到产业关联畅通，进而实现经济循环流转，实现经济的持续、健康、稳定发展。可见从宏观层面认识产业之间的循环特点具有非常重要的意义。研究产业循环，产业关联理论是基础。

在一个经济体系中，产业（产品）之间存在着复杂、广泛而密切的技术经济联系，即产业关联（industry linkage）。每个产业的生产都需要投入多个产业的产品，同时其产品又为多个产业提供中间投入，它们之间存在相互需求。

---

① 刘鹤. 加快构建国内大循环为主体，国内、国际双循环相互促进的新发展格局 [N]. 人民日报，2020 – 11 – 25.

如图 1-1 所示，产业 j 为了满足社会需求而生产一定量的产品。在生产过程中，需要产业 1，…，产业 i 等的投入，这些产业在其生产过程又需要多个产业的投入，而产业 j 的产品一方面提供最终需求，另一方面也投入到许多产业（如产业 k 等）的生产中。这样，产业之间便形成了错综复杂的投入产出关系，而产业网络是从复杂关系中理清结构脉络的有效工具。

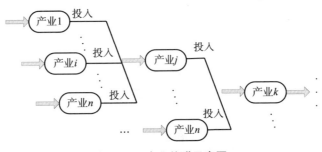

图 1-1　产业关联示意图

（1）产业网络。

为了理清这种复杂的关系，仔细分析投入产出数据可以发现，虽然大部分产业之间存在关联，但关联强度存在很大的差异。比如，分析中国 2020 年 42 部门的投入产出表可以发现，在 1 764（42×42）个产业关联关系中，最高的 203 个（仅占关联总个数的 11.5%）投入流量占到了总流量的 80%，可见少数显著的产业关联构成了经济关联结构的主体，对整体结构起到主导作用。

产业之间小的关联关系数量众多，但强度小，影响小；而显著的关联关系数量少，但对整体起决定性的作用。我们将显著的产业关联筛选出来组成一个模型，即产业网络模型。

产业网络模型是一种从结构视角研究产业关联的有效模型。作为有向图，产业网络描述了产业之间显著的关联关系，其中产业对应于有向图的顶点，产业之间的关联关系对应于有向边（弧）。产业网络是从纷繁复杂的关联关系中识别显著的产业关联，通过研究产业网络的结构特征得到显著的产业关联结构特征。它以二元关系结构为研究对象，其相关概念及指标，不仅可以描述产业关联的特征和规律，而且可以描述经济运行的质量和竞争力。

根据是否在有向边上赋予权重，产业网络分为无权产业网络和赋权产业网络。在无权产业网络中所有关联边的权重均为 1，也就是说，只要存在关联边，则视其关联系数为 1，否则为 0。而赋权产业网络可以更准确地描述产业的关联关系，对产业网络中的每条边，根据实际产业的关联大小，赋予不同的权重。赋权产业网络可以更精准地描述经济系统的运行规律，而无权产业网络着重描述了关联结构的特征。

产业网络多层次、多维度地描述了产业关联的特征及其效应，为研究与产业关联结构相关的深层问题提供分析工具。现代管理中的一些热点问题，如产业集群、产业结构升级、产业竞争力以及区域非均衡战略等问题，可视为以产业网络为基础所进行的某种意义上的优化与重构。

（2）产业网络上的循环结构。

在产业网络中，根据相互之间的供给和需求情况，从产品在各个产业之间的流向分析，可以发现产业网络中存在着这样一种结构，它由几个产业组成，其内部存在着产业循环关联，即一个产业为后续部门提供产品，同时后续部门的产品又返回相关的先行产业。这种循环关联使得循环结构中任意一个产业的变动都可以传递到结构内的任意其他部门，反馈效应又将其传至初始部门。

现实中的经济循环对应产业网络中的循环结构，其中的闭通道即为经济循环的通道。由于循环关联，产业之间的影响不再以直线形式单向进行，而是以循环的方式重复作用，从而使单个产业的变动对区域经济整体产生更大的影响。产业循环关联的存在使得规模大的循环结构对整体经济具有重大的影响。

研究产业网络的循环结构对于分析一个区域中各个产业之间的循环关联关系以及各自的作用等问题具有重要的意义。在循环结构中处于重要地位的主导产业的发展不仅可以带动其所在经济中心内各部门的发展，还可以带动其他多个主导产业，使多个经济中心共同发展。

在循环结构中，对产业圈的研究是分析产业循环特征的基础。产业圈是指产业网络中各产业互不相同的有向圈，产业圈度作为衡量各个产业循环特性的指标，经过某产业的产业圈的数量为其圈度。在循环结构中具有大圈度的产业所影响的循环路径较多，对整体经济的循环起到较重要作用。

以上是关于产业循环结构的已有的研究成果情况。本书在已有研究成果的基础上，考虑以下因素，又进行了更深一步的探索：

产业圈度仅研究了循环结构中经过某产业的产业圈的数量，这种描述还比较粗略，没有对每一个产业圈进行更详细的分析。而每一个产业圈所包含的产业的数量，以及每条边的关联强度，对产业循环都会有较大的影响。具体而言，首先，产业圈是有长度的，不同长度的产业圈对产业循环的影响并不相同，短的产业圈循环得快，长的产业圈循环得慢，所以产业圈的长度应该纳入研究范畴。其次，由于每个产业关联的强度不同，每条边的权重会影响产业循环的强弱，所以在研究循环的现实经济影响时，边的权重也应该纳入考虑范畴。最后，从产业圈的定义可以看出，产业圈中要求各个产业互不相同。然而，在现实中，产业相互关联（间接关联）时，不会识别所经过的路径中有没有相同的产业，从而不能保证一定满足"产业相互不同"的严格要求，这样会使一些循环通道没有被计入。以上是对单个产业在产业循环中地位和作用的思考。

除此之外，在循环结构中，各个产业虽然相互可达，但它们关联的紧密程度存在差别，有的可以相互直达，有的需要经过多个其他部门才可以达到。对循环结构内部各个部门的关系需要进一步梳理。还有，产业网络中通道众多，不同的通道对产业扩散的影响不同，需要从中挖掘出最通畅的关联通道。

基于此，本书进一步分析了产业网络的循环结构：第一，研究循环结构的基本要素——产业在循环过程中呈现的特征。基于无权产业网络的循环结构，以产业圈度和广义产业圈度为基础，构建一系列指标，分析循环结构中各个产业的作用；基于赋权产业网络，构建产业循环度的概念，更接近实际地研究每个产业在循环过程中的地位和作用。第二，提出循环核的概念模型，研究循环结构内部各个产业之间关系紧密的差异，围绕着产业循环核，对循环结构内部的产业进行分级，梳理其内部关系。第三，提出关键循环通道的概念，找出产业网络的最大循环通道，筛选产业网络中三、四甚至五个产业之间信息扩散的最强通道。在此基础上，以中国 2020 年的投入产出数据为基础，计算比较中国各个产业的循环特点，识别中国循环结构的循环核以及产业关键循环通道。本书的研究将进一步发展产业网络理论，深化图/网络理论和复杂网络理论在管理学、经济学中的应用，具有一定的理论和现实意义。

1.2　技术路线与研究方法

本书首先进行机理分析，对已有文献进行梳理总结，界定产业关联的内涵，构建产业关联网络模型。在此基础上，识别产业循环结构。进一步地，以无权产业网络为基础，计算产业圈度、广义产业圈度，探寻循环结构的循环核；根据赋权产业网络，构建产业循环度和关键循环通道的概念模型，并分析中国产业循环结构的特征。本书的技术路线如图 1-2 所示。

第一，本书主要采用了图与网络的研究方法。图是以抽象的点和线表示实际网络的方法，这种表示可使我们透过现象看本质，通过抽象的图得到实际网络的拓扑性质。通过图与网络的方法，可以挖掘产业网络的深层次结构特征，丰富产业关联理论，实现对产业结构相关问题的深入研究。

第二，投入产出分析方法。投入产出技术是利用数学和计算机等研究国民经济各个产业在产品的生产和消耗之间的数量依存关系。投入是系统进行某项活动过程中的消耗，产出是系统进行某项活动过程的结果。产业网络表示了产业关联关系结构，在二元关联关系的基础上建立，投入产出分析是产业关联网络构建与分析的前提。

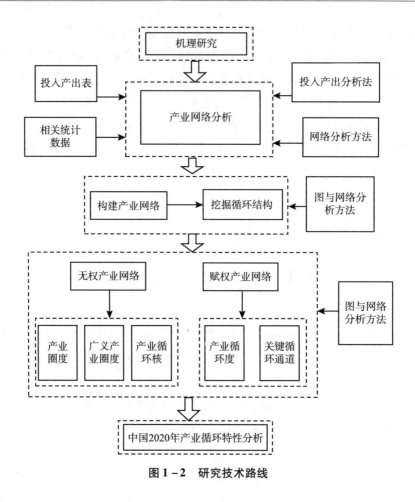

图1-2　研究技术路线

1.3　创新点及研究意义

1.3.1　主要创新点

本书的主要创新点体现在以下几个方面：

第一，为了研究循环结构内部各个产业之间的关系，本书提出循环核的概念。循环核是循环结构内的子结构，其内部各个产业具有相同的循环特征，并且对整个结构的循环有巨大影响。通过挖掘循环核，循环结构内部产业之间的关系得到梳理，呈现一种围绕着最高级循环核，关系由紧密到疏松的状态。

第二，构建了产业循环度的概念模型。由于循环通道的长度和每条边的关联强度都会影响产业循环，为更准确地分析各个产业对循环的影响，构建赋权产业网络，提出产业循环度的概念，并对产业内部的循环和产业之间的循环进行区分，研究计算方法，并将其应用于中国 2020年产业网络的研究之中。

第三，提出了产业关键循环通道的概念，并设计在众多的产业关联中找出影响最大的关键循环通道的方法，反映区域经济结构特征，描述区域竞争优势。

1.3.2 研究意义

本书的研究意义分为理论意义和实践意义两个方面：

理论意义：借鉴现有的产业关联研究成果，本书研究了产业网络上的循环结构模型，丰富了产业关联理论，扩展了产业关联的内涵。在产业网络的基础上，提出了产业循环度、循环核和产业关键循环通道的概念，为研究产业网络上的循环结构奠定了方法基础，扩展了产业网络的应用领域，丰富了产业关联的含义，也为研究关键产业（群）、产业集群、产业竞争力、产业结构升级以及区域经济的非均衡发展战略等问题提供了具体的理论依据。

实践意义：根据本书的研究成果，基于中国 2020 年产业网络循环结构的分析，挖掘中国关键产业（群）或关键产业子网络，促进区域内产业的多样化和产业升级，提出实现经济循环视角下政府引导产业资源配置、实现经济结构转型升级的建议。

第2章　构建产业网络模型

研究产业关联有两类方法，一类是产业投入产出关联分析，另一类是产业网络模型分析。投入产出分析是以二元关系为主导，分析两个产业之间的相互依赖和相互影响的关系，或者单个产业与整个系统（或子系统）之间的关系。产业网络模型分析，是以产业间关联关系结构为对象，通过分析关联关系结构的整体特征，研究产业或局部子系统的深层次特征。

本书中产业网络模型是研究的基础。本章首先简要总结投入产业关系，概述各类构建产业网络的方法，之后以中国 2020 年投入产出表为基础，构建中国产业网络模型。

2.1　投入产出分析

第一次提出投入产出方法的学者是里昂惕夫，他受魁奈的经济表和新古典经济学的一般均衡理论思想启发，为研究经济体系中各产业之间的投入与产出依存关系，于 1936 年发表《美国经济制度中投入产出的数量关系》；1941 年，他又出版了《美国经济结构：1919～1929》一书，详细介绍投入产出分析的基本内容；1953 年，他再一次出版专著《美国经济结构研究》，进一步阐述了"投入产出分析"的基本原理和发展。1973 年，里昂惕夫获得第五届诺贝尔经济学奖。

投入产出关联分析是利用投入产出方法，从整体出发，结合生产消耗和分配使用两方面信息，从二元关系角度综合研究国民经济各部门之间的数量关系。投入产出表是投入产出分析的基础，详尽反映了产业系统在特定时期内各个产业的生产和消耗之间的数量关系，包括投入表和产出表，投入表中涵盖了中间消耗流量、价值增值等内容，具体形式如表 2-1 所示。

表 2-1　　　　　　　　　　　　投入产出表的一般形式

		产出								
		中间产品				最终产品				总产出
		产业 1	产业 2	…	产业 n	合计	消费	资本形成	出口	合计	
投入	中间投入	产业 1									
		产业 2	I					II			
		…									
		产业 n									
		合计									
	初始投入	折旧	III								
		劳酬									
		纯收入									
		合计									
	总投入										

投入产出表的核心是第 I 象限，由中间投入和中间需求的交叉部分组成，水平方向和垂直方向上产业的分类方式、数目以及排列顺序完全一致，形成一个方阵。从水平方向看，它表示某产业的产品用于满足各个部门的中间需求情况；从垂直方向看，它表示某个产业对各个部门产品的中间消耗。这部分描述了国民经济各个产业之间的投入产出关系，故称为中间消耗关系矩阵或中间流量矩阵，是投入产出表中最重要的一个象限。第 II 象限由中间投入和最终需求两部分交叉组成，是第 I 象限在水平方向上的延伸，为最终需求矩阵。第 III 象限由最初投入和中间需

求两部分交叉组成，是第 I 象限在垂直方向上的延伸，被称为增加值矩阵。根据投入产出表可建立相应的数学模型，如产品平衡模型、价值构成模型等，以进行进一步的分析应用。

由投入产出表，可计算下列指标，表示产业之间的关联关系。

2.1.1　直接消耗系数

直接消耗系数又称投入系数或技术系数，一般用 a_{ij} 表示，是指生产经营过程中产业 j 的单位总产出所直接消耗的产业 i 的产品或服务的数量，反映了一定技术水平下第 j 部门与第 i 部门之间的技术经济联系，受到技术水平、管理水平、价格的调整、市场需求等因素的影响，计算公式为：

$$a_{ij} = \frac{x_{ij}}{X_j} \ (i,\ j = 1,\ 2,\ \cdots,\ n) \tag{2.1}$$

式（2.1）中 x_{ij} 表示生产经营过程中产业 j 直接消耗产业 i 的产品或服务的数量，X_j 表示产业 j 的总投入。将各个产业的直接消耗系数用矩阵形式表示就得到了直接消耗系数矩阵，一般用 A 表示。

各产业在生产过程中除了对中间投入产生消耗外，对相应的最初投入也会有所消耗。与直接消耗系数类似，增加值系数 a_{vj} 为第 j 产业的单位产出所需要的最初投入，分为固定资产折旧系数、从业人员报酬系数、生产税净额系数以及营业盈余系数等。

2.1.2　完全消耗系数

在实际生产过程中，各产业之间的关联是非常复杂的，除了直接消耗其他产业的产品和服务外，还通过间接需求消耗其他产业的产品和服务，完全消耗系数是产业之间直接和间接消耗关系的反映。完全消耗系数一般用 b_{ij} 表示，是指生产经营过程中产业 j 每提供一个单位最终产品时，对产业 i 的产品或服务直接消耗和间接消耗数量之和，计算公式为：

$$B = (I - A)^{-1} - I \qquad (2.2)$$

式（2.2）中 A 是直接消耗系数矩阵，I 是单位矩阵。

2.1.3　完全需求系数

在完全消耗系数矩阵中，矩阵 $(I - A)^{-1}$ 为完全需求系数矩阵，又称为 "Leontief 逆矩阵"，记作 $\bar{B}$，其中的元素 $\bar{b}_{ij}$ 为完全需求系数，它是指产业 j 增加一个单位最终产品时，对产业 i 的产品或服务的完全需求量。

2.1.4　直接分配系数

根据投入产出表的行，可得到表示各产业产品和服务分配情况，从而计算直接分配系数。直接分配系数记为 h_{ij}，表示产业 i 生产的产品和服务直接分配给产业 j 作为中间产品直接使用的数量占该产品和服务总产出的比例，计算公式为：

$$h_{ij} = \frac{x_{ij}}{X_i} \ (i,\ j = 1,\ 2,\ \cdots,\ n) \qquad (2.3)$$

式（2.3）中 x_{ij} 表示产业 i 直接分配给产业 j 作为中间使用的产品和服务的数量，X_i 为产业 i 的总产出，将各个产业的直接分配系数用表的形式表示就得到了直接分配系数矩阵，用 H 表示。

2.1.5　完全分配系数

完全分配系数是一个从产出方向分析产业之间的直接和间接技术经济联系的指标，记作 w_{ij}，它表示产业 i 单位总产出直接分配和全部间接分配给产业 j 的数量，反映了产业 i 对产业 j 的直接和间接贡献程度。完全分配系数矩阵的计算公式为：

$$W = (I - H)^{-1} - I \qquad\qquad (2.4)$$

式（2.4）中 H 为直接分配系数矩阵，I 为单位矩阵。

2.1.6　完全供给系数

在完全分配系数矩阵中，矩阵 $(I - H)^{-1}$ 为完全供给系数矩阵，又称为"Ghosh 逆矩阵"，记作 $\bar{H}$，其中的元素 $\bar{h}_{ij}$ 为完全供给系数，它表示当产业 i 增加一单位的初始投入，为产业 j 完全供给的产品和服务的数量。

以上系数是进行产业关联分析的基础，描述了产业之间的相互影响，直接表达了两个产业间的二元关系。不过这些信息从两个产业的角度分析两个产业间的关系，未涉及产业关系结构。

2.2　产业网络模型相关研究

20 世纪 70 年代，有些学者提出使用产业网络模型研究产业关联。其基本思想是将全部产业视为一个相互关联的系统，以投入产出模型为基础，以图与网络为工具，依据产业之间的关联关系建立模型。建模时，产业系统中的产业（产品）对应网络中的顶点，顶点间是否存在边（弧）由产业间的相互影响程度决定。因此，构建产业网络模型，关键是依据产业关联关系确定顶点间的连边（弧）规则。有些学者将产业关联关系等同于投入产出关系，认为产业间投入产出的量值大于 0 就存在关联，也有些学者认为只有产业间的投入产出量值达到某个临界值时，产业间才会存在关联；有些学者只考虑了产业间的直接关联关系，还有些学者认为产业关联还包括由产业间结构影响形成的间接关联。

下面首先比较分析几种已有的产业网络模型构建方法，再以产业网络为基础进行相关分析。

2.2.1　Campbell – 模型

Campbell – 模型是指以坎贝尔（Campbell）为代表的学者所建立的模型，它是早期利用图与网络为工具研究产业关联的网络模型。坎贝尔（1972）认为，有向图可以表达一个系统的结构特征，将其用于产业系统，可依据产业间的投入产出关系，建立一个有向图作为产业系统的关联结构模型，通过有向图中的相关概念反映关联结构特征。

1. 建模原理与方法

建立模型的总体设想是以产业间的投入产出关系为基础，将产业系统的关联关系分为两类：存在关联及不存在关联，在此基础上构造网络模型，并利用图论中的相关概念，表达产业系统的结构和关联状况。

投入产出表中的交易流量矩阵 X 表示一定时间内产业间的投入，当 $x_{ij} > 0$ 时，产业 i 存在对产业 j 的投入，两产业间存在关联，相应的邻接矩阵值为 1；否则不存在投入，相应的邻接矩阵值为 0。由于研究只关注产业之间的关系，而不考虑产业内部的情况，故所有邻接矩阵主对角线的元素全设为 0，以避免出现环。由邻接矩阵构造有向图。

根据以上的建模方法，坎贝尔（1975）以华盛顿 1963 年的投入产出流量数据为基础，研究了华盛顿州的产业关联有向图模型。

2. 模型的改进

在将投入产出表转化为有向图的过程中，坎贝尔最初没考虑产业间流量大小对模型的影响，模型中关联关系较多，而产业间的流量并不均衡，个别产业间流量非常大，很多流量很小，这种关联关系繁多的模型很难体现重要的关联关系。

为了描述重要的投入产出关系，坎贝尔（1975）重新定义了产业关联，以表达更重要的产业关联结构特征。其主要思想是首先确定临界值（阈值）α，将产业间投入产出流量 x_{ij} 与临界值 α 相比较，当 $x_{ij} \geqslant \alpha$

时，视为产业间存在关联，$l_{ij} = 1$；否则不存在关联，$l_{ij} = 0$。

在选择临界值 α 时，坎贝尔采用了平均值的方法。其核心思想是，对于有 n 个产业的系统，当一产业供给另一产业的产品大于其总产出的 $1/n$ 时，认为存在前向关联；当它从另一产业购买的投入大于其总投入的 $1/n$ 时，认为存在后向关联。由于产业间的投入具有非均衡性，经过这种简化可过滤掉许多投入量小的关联关系，而不会影响到产业间的重要关联结构。

3. 模型的评述与发展

Campbell - 模型使用图论为工具研究产业关联，是思想上的重大突破。它使人们在研究产业系统时，能简单明了地表达出产业间的二元关系，并进一步利用图的一些概念如度、连通性、块、强子图等描述关联结构，从而将对产业关联的研究由二元关系初步延伸到二元关系的结构，以实现对产业关联结构进行宏观分析的目的。

不过，Campbell - 模型的构建及其应用还是初步的，存在明显的不足，主要体现在两个方面：第一，在原始模型中，将产业间不突出的投入产出关系也纳入产业关联中，致使产业间关系繁多，很难体现产业系统的关联结构特征；而在后期改进的模型中，使用平均值作为阈值，具有一定的主观性。第二，在建立模型过程中，Campbell - 模型没考虑结构因素对产业关联关系的影响，没有表达产业之间的间接关联，导致对产业关联的描述不够全面。

针对以上不足，许多学者做了进一步的研究。Holub 等（1985）在研究关键产业时考虑到结构对产业关联的影响，将间接关联引入到产业网络中。根据产业间的直接关联，可以确定由结构带来的间接关联。当两个部门之间不存在有向边但存在有向路径时，认为产业间存在间接关联，如图 2 - 1 所示。

间接关联的确定，可由邻接矩阵进行布尔运算（$1 \oplus 1 = 1$，$1 \oplus 0 = 1$，$1 \otimes 1 = 1$，$1 \otimes 0 = 0$）得到。设直接关联邻接矩阵为 W^1，使其与其自身相乘，可得到两步距离的间接关联：

$$W^2 = (w_{ij}^2) = \#(W^1 \cdot W^1) \text{①} \tag{2.5}$$

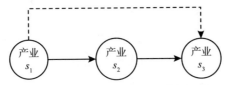

图 2 - 1　产业 s_1，s_3 间的 2 步间接关联

若产业之间存在距离长度为 n 的传递路径，则表示产业间存在距离为 n 的间接关联，其邻接矩阵可由式（2.6）计算得到：

$$W^n = \#(W^{n-1} \cdot W^1) = \#(W^1 \cdot W^{n-1}) \tag{2.6}$$

这里，W^n 表达了距离为 n 的间接关联。

产业间的总关联包含着产业间的直接关联以及全部间接关联，其邻接矩阵可依据布尔运算规则由全部关联矩阵计算得到，即：

$$L = \#(W^0 + W^1 + \cdots) \tag{2.7}$$

最短传递距离可清晰地表达两个产业间的传递路线，m 个产业的系统所传递的最长路线的最短距离为 $m-1$，所以（2.7）式止于 W^{m-1}。

Holub 等对产业网络模型的研究不仅考虑了产业间的直接关联影响，而且考虑了由结构带来的间接关联的影响，使产业网络模型包含的内容更丰富。然而，产业间的距离会影响产业间间接关联的程度，距离越大产业间的影响越弱，Holub 等没有考虑到这个问题，另外，对如何确定临界值也没给出明确的说明。

2.2.2　MFA - 模型

德国学者 Schnabl 认为，上述模型在确定临界值时以经验值为主，而经验值存在主观性，以其为依据确定产业网络也会受到主观性的影

---

① 　#表示布尔运算，下同。

响。为此，Schnabl（1994）提出了最小流分析（Minimal Flow Analysis，MFA）-模型，以内生的方法确定临界值，从而建立产业网络。对于产品生产的各个阶段，从直接生产到间接生产，通过计算得到一个流量阈值即最小流，以其为临界值确定产业间关联关系，构建产业网络模型，所以该方法被称为最小流分析（MFA）方法。

1. 建模原理

根据产业间的交易流量，MFA-模型划分了多个等距的区间，以每个区间的端点为过滤阈值，对每个阈值分别计算直接关联及所有的间接关联，依据所有关联关系构建连通性矩阵，根据每个连通性矩阵的熵值，确定阈值。

在间接关联的确定上，MFA-模型不同于以前的模型，其第 k 层的间接关联邻接矩阵，由第 k 层流量转化的邻接矩阵与第 $k-1$ 层的邻接矩阵的布尔乘积得到。而第 k 层流量来自根据 Leontief 逆矩阵对中间流量矩阵的欧拉分解。

Schnabl 将以上建模方法应用于德国 1978～1988 年 58 个产业的系统中，根据交易流量划分为 35～39 个区间，分别计算各个时间点所有过滤值所对应的连通性矩阵，得到各自的阈值，确定不同时间点的经济结构图，比较德国经济结构的演进。

2. 模型的评述与发展

MFA-模型是以内生方法确定阈值从而建立产业网络模型的重要方法，既包含直接关联，也包含间接关联，并且计算间接关联时考虑到距离所产生的影响，因此是一个比较全面的构建产业关联网络的方法。然而其最终阈值的确定原则采用了三个值的平均值，作者认为这种平均值具有一定的鲁棒性，不同的学者对此有不同的认识。

Hioki 等（2005）基于中国 1987 年及 1997 年的区域间投入产出表，利用 MFA 方法构建了中国区域间的产业关联网络模型。Titze 等（2011）借助 MFA 方法分析了德国区域产业集群。

从 MFA 方法的应用可以看出，MFA 是一种以内生方式构建产业网络的方法，然而在确定最终阈值时，不同的学者采用不同的原则，这使得最终阈值的确定仍存在一定的主观性。

2.2.3　ICA – 模型及 ECA – 模型

Aroche – Reyes（1996）认为 MFA 模型比较烦琐，提出使用重要系数分析（Important Coefficient Analysis，ICA）建立产业网络模型的方法，并将其用于分析北美各国经济的结构转化。Schnabl（2003）则认为弹性系数分析（Elasticity Coefficient Analysis，ECA）可涵盖重要系数分析，更具有一般性。

1. ICA – 模型

重要系数的标准定义来自 Sherman 和 Morrison（1950），它试图确定当直接消耗系数矩阵 A 中的一个元素以一定的比例改变时对 Leontief 逆矩阵元素的影响，即在任意相关部门的产出最多改变 1% 的情况下，每个技术系数 a_{ij} 发生改变的容忍极限为 r_{ij}。或者说，a_{ij} 超过 r_{ij} 的变化会引起相关总产出超过 1% 的变化。a_{ij} 的改变可能是由于技术原因，也有可能是由测量误差或其他因素导致的不确定性。

建立 ICA 模型，需要将重要系数矩阵转化为产业网络的邻接矩阵，重要系数对应的产业间存在着产业关联，邻接矩阵中相应值为 1；否则不存在关联，邻接矩阵中相应值为 0。Ghosh 等（1998）使用 ICA 方法比较了印度 1983/84 及 1989/90 的经济结构。

2. ECA 模型

Schnabl（2003）认为弹性系数比重要系数更具有一般性，提出了弹性系数分析（ECA）的建模方法，并分析比较了 MFA、ICA 及 ECA 三种方法。

ECA 中弹性系数的概念来源于 Maab（1980）的论述。Maab 从两个角度定义了弹性系数：第一，"如果投入系数矩阵 A 的相应元 a_{ij} 改变 1%，Leontief 逆矩阵 B 的元 b_{ij} 改变的大小"；第二，"如果特定投入系数 a_{kl} 改变 1%，部门 i 的总产出 x_i 相对改变的大小"。经过推导，Schnabl 发现第二个定义可表达 Aroche – Reyes 所使用的重要系数。

2.2.4　Morillas – 模型

Morillas – 模型是 Morillas 等（2011）根据模糊理论建立的模型，它以投入产出模型为基础，引入了模糊理论中的概念，通过寻找重要关系模糊集的 α – 截集，确定产业关联关系，建立产业网络。与精确概念相比，模糊概念不需要绝对的肯定或否定，而存在属于和不属于之间的中间状态。

1. 建模原理——模糊重要关系分析

产业之间"重要性"不是一个精确的概念，可使用模糊概念进行研究。基于此，Antonio Morillas 等提出模糊重要关系分析（Fuzzy Importance Relationship Analysis，FIRA）方法，以中间消耗矩阵 X 及分配系数矩阵 O（O 表达产业间关联影响的重要性）为基础，得到重要关系，构建产业网络结构。

在使用模糊矩阵定义模糊图时，模糊矩阵中不同的 α – 截集被视为系数重要性的可信度阈值，通过选择高于阈值的关联，得到重要关系。在 Morillas – 模型中，取 α 为 0.5。当 $\mu_q \geqslant 0.5$ 时，o_{ij} 所应对的系数 a_{ij} 为"真正重要系数"（Really Important Coefficients，RICs）。使用与 RICs 对应的模糊图表达重要的产业关联关系构建产业网络。

Morillas 等根据以上建模方法，以西班牙 2000 年投入产出表为基础，绘制了西班牙经济中间投入的 Lorenz 曲线，构建了西班牙经济的重要关系模糊有向图。

2. Morillas – 模型的评述

Morillas – 模型以模糊概念描述产业关联，是产业网络建模研究的新视角。它将产业关联的重要性与中间消耗量相结合，表达产业在系统中的重要程度。与以前的建模方法不同，Morillas – 模型根据重要程度对边赋权，并对边进行了分类。另外，在网络图的表达上，Morillas – 模型不再采用以往的圆形，而是沿着流的方向，将产业间的链条关系表达得更清晰。然而，以分配系数表达产业关联的重要性，忽略了产业对自己的供给，而许多产业对自身的需求非常高，这种忽略并不恰当。另外，在确定 α – 截集时，对 α 的设定没有明确的界定原则，只是设为 0.5，具有一定的主观性。

2.2.5 Zhao – 模型

20 世纪 90 年代初，多名中国学者，如吴开亚等（2003）、徐玖平等（2008）、方爱丽等（2009）、杨晓耘等（2010）、杨春雪（2011）、邢李志（2012）等，对产业网络模型做了进一步的应用与研究。

为了表达产业关联的关系结构，赵炳新等（2011）提出通过计算 Weaver – Thomas 指数，以内生方式确定临界值的方法（具体计算方法见 2.3 小节）。

Weaver-Thomas 指数是确定显著性指标的有效工具，最早由 Weaver 提出，后来被 O. Thomas 加以改进。它是通过把一个观察分布和一个假设分布相比较，建立一个最接近的近似分布，从而识别数值序列中的关键元素。当从不均匀数组中确定显著性数组时，Weaver-Thomas 指数非常有效，目前被广泛应用于区域经济学中关键因素的识别和分析以及不同要素组合的复杂性研究中。

2.2.6 产业网络模型比较分析

将以上几种产业网络模型进行比较，可得表 2 – 2：

表 2 – 2 产业网络模型比较

模型名称	所采用系数	阈值 α	直接关联	间接关联
Campbell – 模型	交易流量	0/简化模型采用均值	$x_{ij} > \alpha$	未包括
MFA – 模型	交易流量	几种滤值的平均值	$x_{ij}^{(k)} \geqslant \alpha$	已包括，并考虑层级路径对关联的影响
ICA – 模型	重要系数	经验值 0.2	$IC \geqslant 0.2$	已包括
ECA – 模型	弹性系数	平均值 α	$EC \geqslant \alpha$	已包括
Morillas – 模型	分配系数及交易流量	经验值 0.5	$\mu_q \geqslant 0.5$	未包括
Zhao – 模型	投入产出量值	估计值/威弗指数	$f_{ij} \geqslant \alpha$	直接关联网络不包括，聚合扩展包括

由表 2 – 2 可以看出，产业网络的建模方法处于不停地发展完善之中。不同的建模方法采用不同的量值矩阵，表达了不同的含义。在确定直接关联时，Campbell – 模型的初始模型认为产业间存在投入产出关系即存在产业关联，更多的模型认为产业间存在重要的投入产出关系时才存在产业关联；而在阈值的确定上，大多数模型采用经验值的方法，Zhao – 模型及 MFA – 模型采用内生方法。另外，除 Campbell – 模型及 Morillas – 模型，其他模型均考虑到结构对系统所造成的影响即间接关联，并将其包含于产业关联中。

与其他模型相比，Zhao – 模型以内生的方式，用简便的计算得到产业关联关系，是一种简单有效的构建产业网络模型的方式。本书中中国 2020 年产业网络的建模以此方法为基础，进行局部改进。

2.3 构建中国 2020 年产业网络

在当前的研究中，人们经常采用消耗/分配系数、重要系数或弹性系数等描述两个部门间的关联，当两个部门间的系数较大时，认为这两个部门之间的关联较强。本书将以直接消耗系数的基础上，计算后向关联修正影响系数，以它作为构建产业网络的基础系数。

2.3.1　产业关联修正影响系数

在一个区域的经济活动中，产业两两之间的关联关系是部门之间的基本关系，是分析各种经济管理活动的依据。两个产业之间的关联强度不同，需求或创新等刺激在部门之间的扩散程度也不相同。当两个产业之间存在高强度的关联关系时，它们之间具有更大的影响，关联更紧密。直接消耗（或分配）系数可以描述两个部门之间的关联，当两个部门间的消耗/分配系数较大时，人们认为这两个部门间的关联较强。但这些系数的研究视角是需求/供给部门，而不是整个经济系统。根据直接消耗系数的定义我们知道，其分母是这个产业的总投入，可见这是从需求（或供给）部门的视角考虑的，没有体现产业关联在整个系统中的重要性。

比如，当部门 i、j 之间的直接消耗系数 a_{ij} 较大时，由公式 $a_{ij} = z_{ij}/x_j$ 可知，部门 j 从部门 i 得到的投入占其总投入的比重较大，故部门 i 对部门 j 比较重要。由于 a_{ij} 是一个相对数值，其大小由分子和分母共同决定，可能存在 a_{ij} 比较大但部门 j 的总产出 x_j 比较小，或 a_{ij} 比较小而 x_j 比较大的情况。当 a_{ij} 较大而 x_j 较小时，虽然 a_{ij} 较大，但部门 i 与 j 之间的关联对整个经济的影响仍然很小。

为了研究两个部门之间的关联对区域经济总产出的影响，本书使用产业关联修正影响系数的概念（陈效珍等，2014）。产业关联修正影响系数是指在最终需求或价值增值不变的前提下，两个部门之间的关联关系对区域经济总产出的影响程度，以百分比表示，具体可分为产业后向关联修正影响系数和前向关联修正影响系数。以产业后向关联为例，计算思路如下：

为了计算不同产业 i、j 之间的关联关系 (i, j) 对总产出的影响，基于 HEM 思想，假设它们之间不存在关联。当计算产业 j 对产业 i 的后向关联时，根据 Leontief 模型，假想将产业 j 对产业 i 的需求 z_{ij} 消去，即设 $z_{ij}=0$，而实际需求由区域外流入，然后计算消去后区域的总产出水平 X'，并与之前的水平 X 进行对比，其差 ΔX 即为产业 i、j 之间的后向关联对区域总产出所产生的影响。这种影响所占区域总产出的百分比，即为产业后向关联修正影响系数，表示产业关联对系统总产出的影响程度。本书以构建产业后向关联网络为例，因此以后向关联修正影响系数作为依据确定产业之间是否存在关联边。具体来说，根据中国 2020 年投入产出表，计算直接消耗系数（见附表 A1），以及中国 2020 年后向关联修正影响系数（见附表 A2），具体计算方法见参考文献（陈效珍等，2014）。

2.3.2　构建产业网络

1. 构建方法

产业关联存在于大部分产业之间，一般来说，一个产业的生产活动需要多个产业的投入，但不同产业之间的关联强度存在很大差异，其中少量产业的投入所占的比重比较大，多数产业并不显著。

比如，从中国 2020 年投入产出表中分别选取食品与烟草、金属冶炼及压延加工业及卫生、住宿和餐饮，将对各个产业对它们的投入从大到小排序，可得到所有中间投入的比较情况，如图 2-2 所示。

从图 2-2 中我们可以看到，每个产业的投入均存在明显的拐点，在 42 个产业中，后 30 个左右的产业投入所占比例非常小，只有显著的投入产出关系才会对关系结构产生明显影响。

为了构建产业网络，首先确定一个关联临界阈值，将大于临界阈值的产业关联选出，研究这些关联组成的结构，这样既不失去准确性，又能从错综复杂的关系中挖掘出关键的结构特征。如图 2-3（a）所示，$v_1 \sim v_5$ 为产业，它们之间的边表示产业关联，边上的权重（以高度表示）为关联系数。确定 w_{45} 为临界阈值后，将大于 w_{45} 的产业关联选出，组成关联结构，如图 2 - 3（b）所示，这个结构即为简化出来的产业网络模型。产业网络中，点表示产业，有向边（弧）表示显著的拉动或推动关联。这样一来，分析经济结构的特征便转化为分析产业网络的特征。

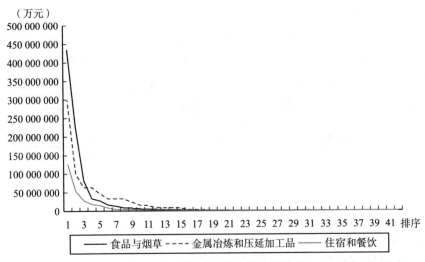

图 2 - 2　中国三个产业的投入排序

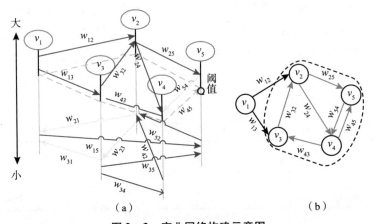

图 2 - 3　产业网络构建示意图

确定产业网络中两个部门之间的关联关系是否显著，关键是采用什么方法确定阈值。当两个产业 i 和 j 之间的系数大于阈值时，认为 i 和 j 之间存在关联，在产业网络存在由 i 指向 j 的弧；否则，不存在关联弧。阈值的确定有多种方法，本书通过计算威弗指数确定阈值，建立表示投入流向的产业网络（赵炳新，2011）。

利用 Weaver – Thomas 指数确定临界值的主要思路：

对 n 个产业的系统，设 $be(l, j)$ 是对应于第 j 个产业的第 l 项的后向关联修正影响系数，将 $be(l, j)$ 按从大到小的顺序排列（$l, j = 1, 2, \cdots, n$）得到向量 E，设 E 的第 m 个元素对应于投入产出表中第 j 个产业的第 l 项投入，则其 Weaver – Thomas 指数为：

$$w(m) = \sum_{i=1}^{n} \left[s(k, m) - 100 \times \frac{E(m)}{\sum_{p=1}^{n \times n} E(p)} \right]^2 \qquad (2.8)$$

其中，$s(k, i) = \begin{cases} 100/i & (k \leqslant i) \\ 0 & (k > i) \end{cases}$ 。

设

$$w(k) = \min\{w(1), w(2), \cdots, w(n \times n)\}$$

设 $\beta = E(k)$，则 β 为临界值。

如表 2 – 3 所示，当后向关联修正影响系数大于 β 时产业间存在关联，邻接矩阵相应位置元素为 1；否则没有关联，邻接矩阵相应元素为 0，构建无权产业网络。由于这里主要研究产业之间的关系，对角线上的元素设为 0。

表 2 – 3　　　　　　　　　　产业关联的确定原则

后向关联修正影响系数	关联关系	无权网络关联系数	赋权网络关联系数
$be_{ij} \geqslant \beta$	存在	$z_{ij} = 1$	$z_{ij} = a_{ij}$
$be_{ij} < \beta$	不存在	$z_{ij} = 0$	$z_{ij} = 0$

对于赋权产业网络，考虑到两两产业之间的关联关系是研究的基

础，所以在无权产业网络的基础上，仍以直接消耗系数为权重，赋于无
权产业网络的关联边，得到赋权产业网络。

比较两种类型的产业网络，无权产业网络相对简单，不再区分各个
关联边的关联强度，仅表现结构特征，而赋权产业网络区分了每条边的
关联强度，更接近现实情况。

2. 构建中国 2020 年产业网络

基于中国 2020 年投入产出表，根据上述方法，构建中国 2020 年的
产业网络，如图 2 - 4 所示，其邻接矩阵见附表 A3。

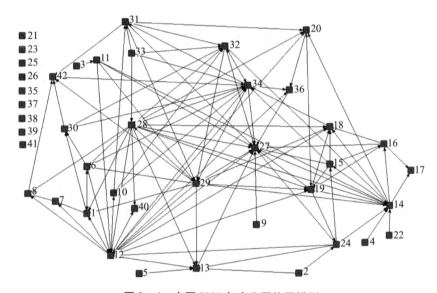

图 2 - 4　中国 2020 年产业网络图模型

在 42 × 42 的中国产业网络中，存在有向边 119 条，孤立产业 9 个，
另外的 33 个产业连接为一个连通子网络。其中，只有入度没有出度的
产业有 5 个，只有入度没有出度的产业有 4 个，如表 2 - 4 所示。分析
这 9 个孤立产业，可以发现，它们要么总产出低，如 21 号、23 号、25
号、26 号，它们的总产出排名为倒数后四位，要么在总产出不高的情

况下，对其他产业的投入普遍低。

表 2 − 4   中国 2020 年产业网络中的产业类型

产业类别	产业代码
孤立产业	21、23、25、26、35、37、38、39、41
只有入度的产业	17、27、40、42
只有出度的产业	2、3、4、5、9、22
中间节点产业	1、6、7、8、10、11、12、13、14、15、16、18、19、20、24、28、29、30、31、32、33、34、36

2.4　本章小结

本章主要介绍了已有的相关理论及研究基础，即描述产业关联的投入产出技术和产业网络的相关理论，并在此基础上构建了 2020 年中国的产业网络模型。关于中国产业网络的特征描述这里没有过多展开，将在后面的章节中分别进行研究。

第3章 产业网络的产业分类及子图

产业网络描述了产业间的关联关系及其结构,其内部的各类子结构及其特征,不仅可以描述产业关联的特征及规律,而且可以描述经济运行的质量及竞争力。

产业网络的内部关系是以两个产业之间的关系为基础的。任意两个产业之间可能存在直接或间接关联,还可能不存在关联关系。对于一个产业网络,如果产业 i 对 j 存在直接关联,那么产业网络中存在弧 e_{ij},如图 3 - 1(a)所示。如果两个产业之间不存在直接关联,但存在可达有向路径,影响可以通过有向路径传递,那么产业之间存在间接关联。如图 3 - 1(b)中,产业 m 与 n 之间不存在直接关联弧,但存在有向路径,产业 m 会沿着路径影响产业 n,m 与 n 之间存在间接关联。

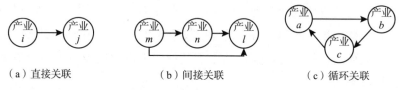

(a)直接关联　　　　　(b)间接关联　　　　　(c)循环关联

图 3 - 1　产业网络中的直接、间接和循环关联

如果产业网络存在这样一些产业,其内部的任意两个产业之间存在可传递影响的路径,那么这些部门之间存在循环关联。如图 3 - 1(c)所示,产业 a、b 与 c 之间存在相互可达的路径,它们之间存在循环关联。循环关联可能涉及多个产业，它们共同组成循环结构。

分析产业网络，可以以个体为对象，如对于某个特定产业或特定关联，研究其与之相关的结构特点，即该产业或关联与其他产业所形成的各种类型的关系结构；还可以以特定的关系结构为研究对象，研究产业网络上的某些特殊的子网络。

本章首先根据关联特征对产业进行分类，其次对产业网络上的各种子图进行分析。

3.1　根据产业网络对产业分类

产业网络中的循环结构对应一般网络中的强连通子图，一个产业网络可能存在多个循环结构，其中最大的循环结构成为网络的中心。由于强连通子图中任意两个顶点之间都存在相互可达的路径，产业网络中循环结构内部各个产业之间的关系格外密切。具体说来，当其任意一个产业出现扩张或紧缩时，变动都会沿着有向路传递给其他产业，再到达初始发生变动的产业，效应以减弱的强度循环下去，直至最终消失。其中最大循环结构是包含最多产业的强连通子图，是产业网络的核心。这里将循环结构内的产业称为循环产业。

对于表达产品流向的产业网络，与最大循环结构关联紧密的产业有两类，一类是直接或间接为其提供原料或服务投入，位于最大循环结构的上游，称为投入部门；另一类是接收循环部门直接或间接的投入，位于最大循环结构的下游，其产品用于其他的下游部门或者终端消费者，称为接收部门。

在剩余的产业中，有的同时与前两类部门关联，但与最大循环结构之间不存在可达路径，称为平行部门；还有的仅仅与投入或接收部门相关联，要么直接或间接接收投入部门的产品，要么直接或间接投入到接收部门，其影响范围往往较小，称为边缘部门；还有的不与以上各类部门关联，称为孤立部门。

这样一来，产业网络中的产业部门可分为六大类——循环部门、投入部门、接收部门、平行部门、边缘部门和孤立部门。一个产业网络不一定全部包含这六种类型，但可能包含大部分类型。根据这种分类绘制网络，可将产业网络表示为一个从原料供应部门流向最大循环结构或平行部门，再流向接收部门的模型。这种表示一方面可以直观描述产业属于何种类型，另一方面又可以通过网络中的路径、强连通子图等清晰地表达各产业之间的关联关系。

在对产业的这种分类中，每种类型的部门或多、或少，或者没有，在产业网络中起到不同的作用。循环结构内的循环部门是产业网络的核心，其任何变动不仅会在核内部门之间循环，还会一次次影响接收部门；入部投入部门位于网络的入口端，其变动会波及最大循环结构内的每个产业，并通过最大循环结构传递给出部；出部接收部门位于网络的终端，直接与终端需求相关联。卷须上的边缘产业处于相对短的产业链上，由入部指出或者指向出部，其变动对整个系统的影响较小。管子连接着入部和出部，位于较长的产业链，但变动在其内单向传递。

将产业网络按以上五类产业的流向画出来，循环结构为中心，一边是入部，另一边是出部，形成一个形状像"蝴蝶结"的结构。孤立产业不与整体的"蝴蝶结"结构关联。在这种分类中，管子中一定不存在由出部指向入部的产业，否则它们会与管子一起形成产业圈，共同归入循环结构。

以上这种对产业的分类方法可以较好地理清整个产业网络的关系，如果将循环结构视为一个点，则整个结构所有的关系可以一目了然，再专门针对循环结构进行研究，那么整体网络的特征会清晰呈现出来。

3.2　产业网络的子网络——产业局域关联

产业局域关联是产业网络内部多个产业之间具有的特殊经济技术联系及其关系结构，反映出产业（子）系统的关联结构特征与性质，表现产业网络上的某些特殊性质。具体来说有星型子图、网络的最长路、最大生成树和强连通子图等，这些子图分别描述产业网络局部的关系结构特征。

3.2.1　星型子图

一个子图呈现星型子图的特征，主要由其产业的关联度决定。一个产业的度是指与它直接关联的关联边数量。星型子图的特点是存在一个中心节点产业，其度（或入度、出度）明显大于与其直接关联的其他产业，形成一个产业推动［见图 3 - 2（a）］或拉动［见图 3 - 2（b）］多个产业的情形。由于中心节点产业的连接作用，与其直接相连的产业之间形成旁侧关联。当一个产业的入度和出度都比较大时，形成了多条以中心产业为媒介的两边关联通道，如图 3 - 2（c）所示。

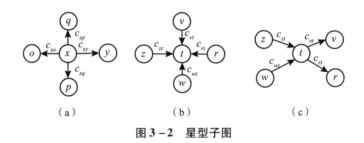

（a）　　　　　　　　（b）　　　　　　　　（c）

图 3 - 2　星型子图

3.2.2　最大生成树

1. 顺向最大权生成树

生成树是由网络（或子网络）中所有的点及最少的边组成的连通子图。Aroche - Reyes（2003；2006）提出了基础经济结构树的概念，利用最大权树表示基础经济结构，充分利用中间投入信息表达网络扩散路径，同时得到产业层的概念。首先以直接消耗系数对产业网络赋权，得到加权网络。其次根据 prim 算法，顺向寻找最大权关联，确保了从根产业到叶产业方向的一致性，从而找到最大权树，表示产业网络的基本扩散路径。Aroche – Reyes（2006）研究了美国与墨西哥 1990 年的产业结构的基础网络表示。不过 Aroche – Reyes 找到的树由于方向的一致性影响了所找到弧的权重，从而影响了最大权生成树的权重。

2. 产业基础关联树

产业基础关联树，简称关联树，是产业网络中的一种最小结构，它嵌于产业系统中，以最少的关联将产业联结起来，体现每个产业与其他产业之间的最显著关系。也就是说，在一个产业网络中，对每一个产业，比较其所有的关联关系，从中找出最大关联，代表产业与系统的联系，形成产业关联关系框架，即为关联树。这种关联树不确保从根产业到叶产业方向的一致性，可以将更大权重的弧选入，从而可找到更大程度体现产业关联关系的关键脉络，如图 3 – 3 所示。

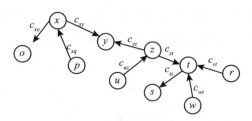

图 3 – 3 产业基础关联树

3.2.3 强连通子图（循环结构）

Campbell（1972；1975）提出了识别产业网络的强连通子图，以描述产业网络的结构特征的方法。在强连通子图内，从任何一个顶点（产业）出发，一定能够到达子图中的任意其他顶点，即其内任何两点之间都存在相互通达的通道，如图 3 – 4 所示。产业网络的强连通子图，又可称为产业网络的循环结构。一个产业网络中可能包含多个强连通子图，其中包含产业最多的称为产业网络的最大循环结构。

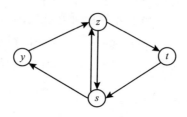

图 3 - 4 循环结构

根据产业相互之间的供给和需求情况，从产品在各个产业之间的流向分析，可以发现循环结构内部存在着产业循环关联，即一个产业部门为后续部门提供产品，同时后续部门的产品又返回相关的先行部门。这种循环关联使得循环结构中任意一个产业的变动都可以传递到结构内的任意其他部门，反馈效应又将其传至初始部门。由于循环关联，产业之间的影响不再以直线形式单向进行，而是以循环的方式重复作用，从而使单个产业的变动对区域经济整体产生更大的影响。产业循环关联的存在使得最大的循环结构成为产业网络中最重要的子结构。

3.3　中国 2020 年的产业网络各部门的分类及各类子图

2.3 节已建立中国 2020 年的产业网络，本章根据前面两部分的内容，对产业部门进行分类，并挖掘各类子图。

3.3.1　中国产业网络的部门分类

从前面构建产业网络的过程我们知道，在中国 2020 年的产业网络中，显著的产业关联有 119 条，即产业网络的关联边数为 119，占 1 764

（42 × 42）总数的 6.7% ，可见仅仅少量的关联关系表现显著。

　　为了对中国产业网络的部门进行分类，首先找出循环结构（邻接矩阵见附表 A4），基于循环结构对其他产业进行分类，具体方法见参考文献（陈效珍，2015），这里不再赘述。产业的分类及数量见表 3 - 1。

表 3 - 1　　　　　　　　中国 2020 年产业网络的产业分类

部门类型	部门数量	产业代码
循环部门	18	1、6、10、12、14、15、16、18、19、20、24、28、29、30、31、32、33、34
投入部门	5	2、3、4、11、22
接收部门	8	7、8、13、17、27、36、40、42
孤立部门	9	21、23、25、26、35、37、38、39、41
平行部门	0	—
边缘部门	2	5、9
合计	42	—

　　产业网络中的只有一个循环结构，包含了 18 个产业，其内关联边有 74 条，占总关联边数目的 62.3% ；入部投入部门有 4 个，出部接收部门 8 个，孤立部门 9 个，网络中不包含平行和边缘部门，从投入部门到接收部门的平行边 2 条。可见，循环结构是整个产业网络的主体部分。

　　将最大循环结构合并为一个节点，整个产业网络得到简化（邻接矩阵见附表 A5），产品以从左向右的流向表达出来，类似"蝴蝶结"，如图 3 - 5 所示。

3.3.2　中国产业网络的各类子图

1. 星型子图

中国 2020 年产业网络中，出度最大的产业部门为 28 号批发和零售

［见图3-6（a）］，其次是12号化学产品和29号交通运输、仓储和邮政，其出度分别为13、11、11；入度最大的为27号建筑［见图3-6（b）］，入度为15。合计最大的为12号化学产品和34号租赁和商务服务［见图3-6（c）］，均为18。

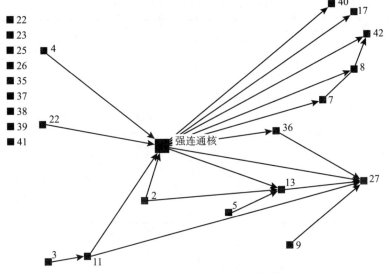

图3-5   中国2020年产业网络"蝴蝶结"结构

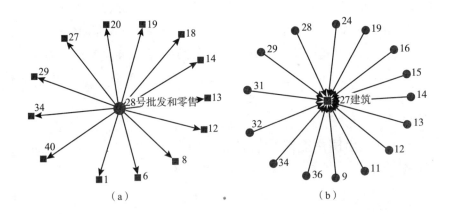

（a）   （b）

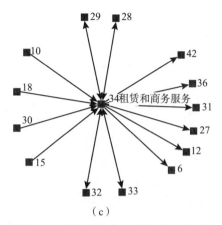

（c）

图 3 - 6　中国 2020 年产业网络星型子图

2. 产业基础关联树

中国 2020 年产业网络由一个连通子图和九个孤立产业组成，对于其连通子图，从赋权网络中找出其产业基础关联树，可找到最大程度体现产业关联关系的关键脉络。具体方法见文献（陈效珍，2015），中国 2020 年产业网络的基础关联树（见图 3 -7）中边的系数如表 3 -2 所示。

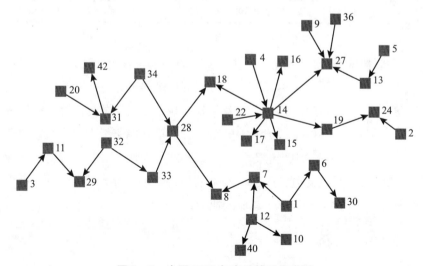

图 3 - 7　中国 2020 年产业基础关联树

表 3 – 2　　　　　　　　中国 2020 年产业基础关联树关联系数

排序	始点代码	终点代码	系数	排序	始点代码	终点代码	系数
1	1	6	0.3477	17	32	29	0.0935
2	7	8	0.3257	18	14	17	0.0916
3	12	40	0.3239	19	36	27	0.0842
4	14	15	0.2971	20	28	8	0.0827
5	6	30	0.2940	21	4	14	0.0822
6	14	19	0.1976	22	11	29	0.0803
7	3	11	0.1958	23	14	18	0.0764
8	1	7	0.1856	24	34	31	0.0750
9	13	27	0.1585	25	28	18	0.0750
10	14	16	0.1515	26	33	28	0.0731
11	2	24	0.1212	27	5	13	0.0633
12	12	10	0.1130	28	31	42	0.0621
13	32	33	0.1127	29	19	24	0.0596
14	12	7	0.1041	30	20	31	0.0558
15	34	28	0.1038	31	22	14	0.0522
16	14	27	0.1006	32	9	27	0.0198

关联树的直径包含 19 个产业，共三条，每条含 10 条边。其前半部分相同，均为 3→11→29←32→33→28，从 28 号开始分为两路，一路为 28→8←7←1→6→30，另一路为 28→18←14，之后又分为两路，一路为 14→27←13←5，另一路为 14→19→24←2。产业网络最大的系数来自边 1→6，1 号成为关联树的树根。从树根开始，其他关联边是与剩余产业相关联的最大系数的边，描述了网络的核心关联脉络。由图 3 – 7 可看到，在此关联树中，相较于其他产业，14 号的度最大。

3. 循环结构——强连通子图

挖掘中国 2020 年产业网络的循环结构（见图 3 – 8），其邻接矩阵见附表 A3。从附表 A3 中可以看出此结构包含 74 个关联关系，涉及 18 个产业部门，分别为 1 号、6 号、10 号、12 号、14 号、15 号、16 号、18 号、19 号、20 号、24 号、28 号、29 号、30 号、31 号、32 号、33 号、34 号产业部门，可见这些部门在中国的产业循环过程中起到重要的作用。

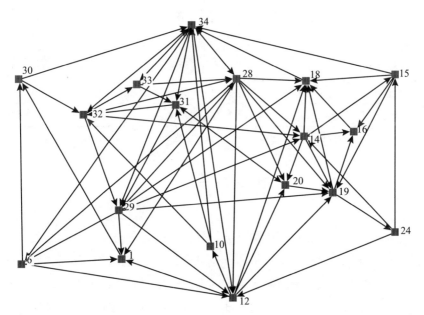

图 3 - 8　中国 2020 年产业网络的循环结构

同样处于最大循环结构，不同产业仍会起到不同的作用。度是衡量一个产业在关联结构中重要性的指标。计算各个产业在循环结构中的度（见表 3 - 3）。

中国 2020 年产业网络的循环部门包含了第一、第二和第三产业中的重要部门，度最大的前三名都属于第三产业，这是前所未有的现象。这些变化表明了中国近年第三产业的迅速发展状况。对各个产业的分类及特征的认识，有利于根据需要对它们制定不同的发展政策与策略。

对循环结构的进一步分析见第 4 ~ 5 章。

表 3 - 3   中国 2020 年循环产业的度及排位

循环产业	排位	度	循环产业	排位	度
34 租赁和商务服务	1	15	6 食品和烟草	10	7
28 批发和零售	2	13	20 通信设备、计算机和其他电子设备	11	7
29 交通运输、仓储和邮政	3	13	31 信息传输、软件和信息技术服务	12	7
12 化学产品	4	11	15 金属制品	13	6
19 电气机械和器材	5	11	33 房地产	14	6
32 金融	6	10	16 通用设备	15	5
14 金属冶炼和压延加工品	7	9	10 造纸印刷和文教体育用品	16	4
18 交通运输设备	8	9	24 电力、热力的生产和供应	17	4
1 农林牧渔产品和服务	9	7	30 住宿和餐饮	18	4

3.4 本 章 小 结

本章从两个方面对产业网络进行分类，一方面对产业进行分类，根据产业与循环结构的关系，整体产业可分为六大类：循环部门，属于循环结构；投入部门，指向循环结构的部门；接收部门，由循环结构指向自身的部门；平行部门，与投入部门、接收部门组成通路，与循环结构平行；边缘部门，只与投入或接收部门关联；孤立部门，与所有的产业不关联。另一方面，本章总结了产业网络上的几类子图，星型子图、网络的最长路、最大生成树和强连通子图等，这些子图分别描述产业网络局部的关系结构特征。之后根据中国 2020 年的产业网络，对中国产业进行分类，并找出了中国产业网络中的各类子图。

第4章 无权产业网络循环结构的分析

4.1 概 述

产业网络作为一类有向图，任意两个产业之间不一定存在连通路。但是其内部的循环结构不同，在任何一个循环结构中，任意两个产业之间必定存在相互可达的通道。这个特点使其内部的产业循环关联具有其独特的性质。

图4-1表示的是一产业网络 N，其中包含 $v_1 \sim v_{13}$ 共13个产业。产业网络中，$v_1 \sim v_6$ 组成循环结构。有4个产业圈经过产业 v_1，而没有产业圈经过 v_{13}。

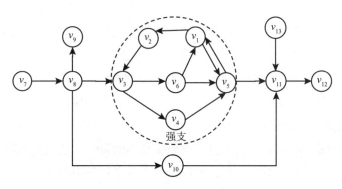

图4-1 产业网络示意图

产业循环结构包含了产业网络中所有循环产业,成为产业网络的核心。当循环结构中任意一个产业出现变动,如紧缩或扩张等,这种变动会沿产业圈传给其他产业,进一步传至初始变动产业,效应以减弱的强度重复循环;循环结构内部产业的波动又影响产业网络循环结构以外的产业,使其随着发生多次变动。图 4 - 1 中,当循环结构中的任意一个产业如 v_3 出现变动时,会沿着过 v_3 的产业圈一次次地传至循环结构中的所有产业。对于循环结构以外的产业,如 v_{11},v_3 通过 v_5 影响 v_{11}。变动在循环结构内一次次地循环,就一次次地影响 v_5,冲击一次次地传到 v_{11}。产业圈的存在使得冲击一直循环,但强度减弱,直至消失。

假如没有循环结构,在图 4 - 1 中如果 v_1 变为孤立产业,产业网络中将不再存在多向循环关联,任何冲击会沿路径走过一次而停止。由此可见,循环结构,特别是最大循环结构是整个产业网络循环波动的推动枢纽。

对产业网络的研究始于 20 世纪 70 年代(如 Campbell,1972 等),但是对于产业网络上的循环结构,虽然许多学者认识到了其重要性,由于缺乏有效的研究方法,大部分研究将一个循环结构视为一个点来分析整体网络结构,如 Campbell(1972;1975)、Morillas 等(2011)。对于循环结构内部的各个组成元素及子图的研究还比较少。

4.1.1　以无权产业网络分析循环结构

最初提出研究循环结构内部特征的方法是以产业圈度来描述循环结构中产业的作用(赵炳新等,2014)。一个产业的圈度是指经过这个产业的产业圈的数量。圈度越大,表明其所影响的产业圈越多,在产业循环的过程中作用越突出,成为产业循环运转的推动枢纽。通过计算各个产业的圈度,可以分析产业的重要性,确定哪些产业为关键产业。

产业圈度的提出开启了对产业循环结构的研究。不过产业圈度仅仅朴素地记录了产业圈的数目,确定一个产业在循环中的作用,仅仅用圈数还是过于简略,因为每一条产业圈又存在圈的长度、每个关联边的强度等自身特点。检验表明，当综合考虑产业圈的各种特征以后，产业在循环中的重要性排名会有一定的改变。

每个产业循环的闭通道都具有长度，一般来说，两个产业之间的距离越长，作用越间接，影响越小，可见闭通道的长度越长，经过一圈循环后对这个产业的影响越小。在图 4 - 1 中，过产业"v_1"的产业圈有 $v_1 \rightarrow v_5 \rightarrow v_1$ 和 $v_1 \rightarrow v_2 \rightarrow v_3 \rightarrow v_4 \rightarrow v_5 \rightarrow v_1$，长度分别为 2 和 5，经过这两个产业圈返回"$v_1$"后的驱动力存在差异。

广义产业圈度是将过一个产业的圈数和圈长相结合，综合权衡产业循环特征的指标。由于产业扩展是由一个产业到下一个产业依次进行，一条产业圈越长，循环到自身时经历的扩展步骤越多，影响就越小。为了考虑圈长对循环的影响，广义产业圈度在一定的总长度下，研究从一个产业出发，实际到达自身的次数。

以上是对循环结构中单个产业的研究，而循环结构中各个产业之间的关系紧密程度仍存在不同。依据产业圈度的概念，可以将循环结构内部的产业依据关联紧密程度进一步划分。

4.1.2 以赋权产业网络分析循环结构

所有产业关联的大小互不相同的，这种差异会影响其循环，在实际应用中，应将其考虑在内。在图 4 - 1 中，如果不考虑每个关联的大小，三边圈 $v_1 \rightarrow v_6 \rightarrow v_5 \rightarrow v_1$ 比二边圈 $v_1 \rightarrow v_5 \rightarrow v_1$ 更长，循环能力应该更小。但是如果 w_{15} 非常小，使得 v_1 对 v_5 的直接作用小于 v_1 通过 v_6 作用于 v_5 的间接作用，则此三边圈的循环作用有可能大于二边圈。所以，研究一个产业在循环中的作用，需要在分析产业循环关联作用机理的基础上，结合圈度、圈长和每个关联的大小等多方面因素，综合确定拉（推）动作用。

以无权网络和赋权网络研究产业网络的循环结构，各有其意义。无权网络的研究比较直观，但更能显示关联结构的特征；而赋权网络的研究能更准确地挖掘经济体系的特征。本章和下一章分别研究无权网络和赋权网络上的产业循环。

4.2　产业圈度概念、计算及应用

4.2.1　产业圈和产业圈度等相关概念

1. 产业圈和产业圈度

产业网络中，产业链对应有向图中的路径，即顶点与弧的序列——v_0、x_1、v_1、x_2、$\cdots$、x_m、v_m。如果产业链是闭合的，即起点 v_0 与 v_m 为同一点，且其所有顶点都不相同，则其形成的有向圈为产业圈。产业圈是产业网络的基本循环结构。

对于循环结构中的某一特定产业，经过它的产业圈的数目为产业圈度。假设这个循环结构包含 m 个产业，这里暂时不考虑自循环，最小的圈长为 2，最大的圈长为 m。显然，产业 v_i 的圈度 $d_c(i)$ 为其所有圈长的产业圈的数目之和，即

$$d_c(i) = \sum_{l=2}^{m} d_c^l(i) \tag{4.1}$$

循环结构中各个产业的圈度不同，它们在循环过程中所起的作用也不同。产业圈度描述了一个产业与周围产业之间的循环关联程度，圈度越大，它带动循环的能力越强，越重要。图 4-1 中循环结构的三个产业圈均过 v_1，所以 v_1 的圈度为 4，而 $v_2 \sim v_6$ 的圈度分别为 2、2、1、4、2，循环结构以外的产业圈度为 0，可见 v_1 和 v_5 在循环过程中起到重要作用。如果它们两个当中任何一个变为孤立产业，产业网络中将不存在产业圈。这时如果一个冲击进入产业网络，会沿着有向路到达终点产业而结束，不再出现循环。而 v_4 的产业圈度为 1，如果 v_4 变为孤立部门，循环结构中还存在 2 个产业圈。可见，产业的圈度体现了它对整体循环

的影响程度。

2. 循环结构的圈度

一个循环结构可能包含多个产业圈，循环结构中所有产业圈的数目为这个循环结构的圈度。图 4－1 中包含 $v_1 \rightarrow v_5 \rightarrow v_1$，$v_1 \rightarrow v_6 \rightarrow v_5 \rightarrow v_1$，$v_1 \rightarrow v_2 \rightarrow v_3 \rightarrow v_4 \rightarrow v_5 \rightarrow v_1$ 和 $v_1 \rightarrow v_2 \rightarrow v_3 \rightarrow v_6 \rightarrow v_5 \rightarrow v_1$ 四个产业圈，其循环结构的圈度为 4。

一个循环结构所包含的产业圈越多，整个结构内部的循环性越强，对经济的影响也越大。循环结构的圈度除了与其关联密度相关以外，还与各个产业之间的关联方式相关。在图 4－1 中，如果关联边 $v_5 \rightarrow v_1$ 消失，网络中不再存在产业圈，循环结构的圈度变为 0，可见个别关联边会对整个循环结构有较大的影响。

对于包含 m 个产业的循环结构，为了计算其圈度，我们对每一个产业圈进行分析：在计算一个产业的圈度时，我们可以同时得到这个产业各个长度的产业圈度。对于一个长度为 l 的产业圈，其内部一定包含 l 个产业。这 l 个产业在计算各自的产业圈度时，都将这个产业圈计入 1 次，所以共计入了 l 次。现在计算整个循环结构的产业圈度，将结构内所有长度为 l 的产业圈度除以长度 l，就是这个循环结构的长度为 l 的圈度。它的所有圈长的圈度之和，就是这个循环结构的圈度 d_c。

$$d_c = \sum_{l=2}^{m} \frac{\sum_{i=1}^{m} d_l(i)}{l} \tag{4.2}$$

式（4.2）中，$d_l(i)$ 是指产业 i 的长度为 l 的产业圈度。

3. 产业圈度百分比

产业圈度是一个绝对数值，为了分析一个产业对整个循环结构的影响程度，需要计算相对圈度。产业圈度百分比，是一个产业的圈度所占的其所在的循环结构的圈度的百分比，表达了这个产业参与全部循环的程度。对于一个圈度为 d_c 的循环结构，i 为它的任意一个产业，设其圈

度为 $d_c(i)$，循环结构的圈度为 d_c，产业 i 的圈度百分比为 $p_{d_c(i)}$，则

$$p_{d_c(i)} = \frac{d_c(i)}{d_c} \times 100\% \tag{4.3}$$

一个产业圈包含多个产业，故所有产业的相对圈度之和一定大于 100%。

4. 循环结构的关联密度

产业圈是组成产业循环结构的基础单元。产业圈的数目与循环结构中有向边的数目相关，一般情况下，有向边的数目越多，结构的循环性越强。为了描述循环结构的关联程度，定义循环结构的关联密度如下：

循环结构的关联密度，是指循环结构中包含的所有有向边的数目与可能存在的有向边的数目之比。设一个循环结构包含 m 个产业和 e 条有向弧，其关联密度为 ρ，则

$$\rho = \frac{e}{m \times (m-1)} \tag{4.4}$$

5. 圈长分布

产业的圈长分布描述了这个产业各个长度的产业圈的数目。对于产业 v_i，设其圈长为 l 的产业圈数目为 $d_c^l(i)$（$l = 2, \cdots, m$），则其圈长分布 Ω_i 为：

$$\Omega_i = \begin{pmatrix} l_1 & l_2 & \cdots & l_m \\ d_c^{l_1}(i) & d_c^{l_2}(i) & \cdots & d_c^{l_m}(i) \end{pmatrix} \tag{4.5}$$

6. 产业绝对圈度

产业圈的圈长不同，刺激在产业圈内循环一周返回原产业的影响程度也不同，圈长越长，影响越小。产业绝对圈度是去除圈长影响的产业圈度。一条长度为 l 的产业圈包含 l 个产业，所以这个产业对这条圈的贡献为 $1/l$。对于产业 v_i，设其圈长为 l 的产业圈数目为 $d_c^l(i)$（$l = 2, \cdots, m$），产业绝对圈度为 $d_{ac}(i)$，则

$$d_{ac}(i) = \sum_{l=2}^{m} \frac{d_c^l(i)}{l} \tag{4.6}$$

7. 产业循环中心性系数

对于一个产业，以横坐标表示其圈长，纵坐标表示其产业圈度，随着圈长的增加，其所对应的产业圈的数目先增加后减少，图形近似于"钟"字型。

为了表述圈长对循环的影响，这里引入中心性的概念。Freeman（1979）在研究点的中心性时提出接近中心性的概念，认为如果一个节点与其他节点间的距离越短，则它在网络中具有越高的接近中心性。与其类似，当一个产业的多个圈长较短时，它具有较高的循环中心性。所以，这里定义产业的循环中心性系数如下：

对于包含 m 个产业的循环结构，设产业 v_i 圈长为 l 的产业圈数目为 $d_c^l(i)$（$l = 2, \cdots, n$），则其循环中心性系数 cc_i 为产业 v_i 的绝对圈度所占的循环结构的圈度的百分数，即

$$cc_i = \frac{d_{cc}(i)}{d_c} \times 100\% \tag{4.7}$$

4.2.2　计算方法

对于一个特定的产业，经过它的产业圈最少包含两个部门，最多包含循环结构中的所有部门。一个产业圈的圈长与产业圈所包含的产业数目相等，为了计算某产业的产业圈度，首先对其所有产业圈根据圈长进行划分，对应每个圈长，采用遍历法计算其有向圈的数目（赵炳新等，2014），进而根据式（4.1）~式（4.6）计算产业圈度、绝对圈度等系数。

4.2.3　中国 2020 年产业循环结构的产业圈度等计算分析

第 2 章已经根据 2020 年 42 部门的投入产出表构建中国产业网络，

并找出其循环结构。

1. 中国产业网络的循环结构

中国 2020 年产业网络的循环结构只有一个，共包含 74 条有向边，涉及 18 个产业，见图 3-8。中国产业循环结构的关联密度为 0.24。

2. 计算结果与比较分析

对于中国循环结构中的每个产业，根据不同的圈长分别计算圈度，得到各产业的圈长分布和圈度，如表 4-1 所示。

由表 4-1 可以看出，中国循环结构中最短的圈长为 2，最长为 18，各圈长对应的圈度随着圈长的增长而增加，至圈长为 13 时达到最大，之后逐渐减少，如图 4-2 所示。

根据公式，计算循环结构中各产业的循环中心性系数和圈度百分比，并与 2015 年的数据进行对比，得到表 4-2。

对以上的计算结果进行分析，我们可以看到：

（1）根据表 4-1，各个产业的圈度在圈长为 13 左右达到高峰，将所有产业的产业圈分为左右两部分，对圈长 2~14 的所有产业圈数量求和并排位，可发现各产业此时的排位与产业圈度的排位相同，可见各个产业之间圈度的不同更多地源于小圈长的产业圈。结合表 4-2，比较圈度百分比排位和循环中心性系数排位，可看到大部分产业的排位没有变化，但个别有微调，不过名次差别不大。这一方面说明了产业的圈度越大，其循环水平越高；另一方面也表明了圈长对循环的影响。

（2）由表 4-2 可以看到，从产业的分布看，中国 2020 年循环结构中圈度前三位的产业全部分布于第三产业，前五名中有四个是第三产业，这与往年的产业网络有很大不同。在 2015 年产业网络中，第三产业只有租赁和商务服务进入前三，排位是第二，其余两个为第二产业。在前十名的排位中，2020 年的产业分布于第一、二、三产业的分别有 1 个、5 个和 4 个。在 2015 年的产业网络中只有 3 个属于第三产业，其他均为第二产业。可见，在 2015 年时，我们的第二产业是主导，而到了

表 4 - 1　中国 2020 年循环结构的圈长分布和圈度

部门	圈长																	圈度	圈度百分比（%）
	2	3	4	5	6	7	8	9	10	11	12	13	14	15	16	17	18		
1	2	1	7	41	126	310	705	1 516	2 956	5 078	7 392	8 771	7 962	5 212	2 394	725	104	43 302	64.25
6	1	2	9	42	131	323	730	1 553	2 996	5 084	7 349	8 708	7 918	5 198	2 402	731	104	43 281	64.22
10	0	1	7	31	92	222	507	1 045	1 936	3 140	4 304	4 860	4 378	3 047	1 614	598	104	25 886	38.41
12	1	5	19	77	229	572	1 293	2 630	4 767	7 541	10 067	10 934	9 228	5 746	2 569	759	104	56 541	83.89
14	0	2	15	42	120	339	885	2 028	3 999	6 675	9 214	10 146	8 596	5 317	2 339	690	104	50 511	74.94
15	0	1	6	19	63	185	477	1 083	2 214	3 983	6 045	7 366	6 907	4 745	2 248	677	104	36 123	53.6
16	1	0	4	13	48	129	331	805	1 744	3 189	4 829	5 903	5 618	3 950	1 954	653	104	29 275	43.44
18	1	7	27	84	218	540	1 244	2 561	4 602	7 154	9 378	10 072	8 493	5 394	2 497	756	104	53 132	78.83
19	2	4	13	45	156	434	1 059	2 337	4 574	7 664	10 606	11 666	9 816	6 021	2 626	759	104	57 886	85.89
20	2	0	8	26	84	236	604	1 364	2 636	4 369	6 160	7 157	6 520	4 414	2 176	711	104	36 571	54.26
24	0	3	5	7	45	175	473	1 046	2 129	3 964	6 215	7 668	7 179	4 940	2 416	750	104	37 119	55.07
28	2	6	27	102	282	663	1 417	2 792	4 924	7 628	10 101	10 957	9 235	5 715	2 538	749	104	57 242	84.93
29	3	9	38	121	318	742	1 592	3 123	5 465	8 363	10 935	11 724	9 750	5 954	2 603	757	104	61 601	91.4
30	0	1	11	41	104	241	565	1 236	2 370	3 941	5 629	6 616	6 001	4 015	1 964	661	104	33 500	49.7
31	1	3	14	48	149	391	887	1 801	3 257	5 180	7 149	8 255	7 512	5 055	2 409	739	104	42 954	63.73
32	2	6	23	87	262	658	1 457	2 917	5 213	8 105	10 696	11 546	9 653	5 919	2 593	755	104	59 996	89.02
33	2	4	8	29	107	295	632	1 240	2 316	3 834	5 552	6 753	6 393	4 352	2 074	678	104	34 373	51
34	4	14	43	135	370	853	1 750	3 303	5 652	8 552	11 083	11 812	9 793	5 966	2 600	755	104	62 789	93.16

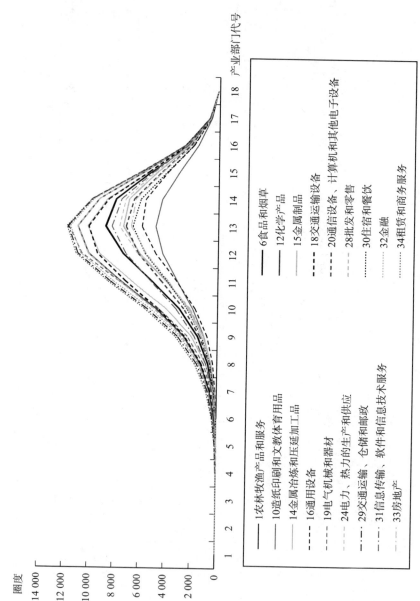

图4-2　中国2020年循环结构产业圈度分布

表4-2　中国 2020 年产业圈度百分比、循环中心性系数及与 2015 年对比

产业部门代号与名称	2020 年				2015 年	
	圈度百分比（%）	圈度排位	循环中心性系数（%）	循环中心性系数排位	产业部门名称	圈度排位
34 租赁和商务服务	93.16	1	7.86	1	化学产品	1
29 交通运输、仓储和邮政	91.4	2	7.67	2	租赁和商务服务	2
32 金融	89.02	3	7.42	3	金属冶炼及压延加工业	3
19 电气机械和器材	85.89	4	7.04	5	电气机械和器材	4
28 批发和零售	84.93	5	7.09	4	金融	5
12 化学产品	83.89	6	6.96	6	交通运输、仓储和邮政	6
18 交通运输设备	78.83	7	6.56	7	通信设备、计算机和其他电子设备	7
14 金属冶炼和压延加工品	74.94	8	6.13	8	交通运输设备	8
1 农林牧渔产品和服务	64.25	9	5.187	11	批发和零售	9
6 食品和烟草	64.22	10	5.19	10	通用设备	10
31 信息传输、软件和信息技术服务	63.73	11	5.20	9	食品和烟草	11
24 电力、热力的生产和供应	55.07	12	4.355	13	电力、热力的生产和供应	12
20 通信设备、计算机和其他电子设备	54.26	13	4.38	12	农林牧渔产品和服务	13
15 金属制品	53.6	14	4.26	14	金属制品	14
30 住宿和餐饮	49.7	15	4.018	16	非金属矿物制品	15
33 房地产	51	16	4.11	15	石油、炼焦产品和核燃料加工品	16
16 通用设备	43.44	17	3.43	17	房地产	17
10 造纸印刷和文教体育用品	38.41	18	3.12	18	住宿和餐饮	18

2020 年，第三产业的地位得到了快速的提升。

（3）具体来说，34 号租赁和商务服务和 29 号交通运输、仓储和邮政分别位于第一、二位，它们的相对圈度为 93.16％、91.4％，对整个循环结构的影响均超过 90％，可见这两个产业对我国的经济循环具有很大影响。32 号金融、19 号电气机械和器材、28 号批发和零售、12 号化学产品这四个产业的圈度分别为第三至六位，对整个循环结构的影响均超过 80％，可见它们对产业循环的影响也非常显著。

3. 结论

产业循环关联是形成区域竞争力的重要因素，存在于产业网络的循环结构之中，而产业圈度百分比和循环中心性系数是以产业圈度为基础计算的描述各产业在循环过程中作用的重要指标。一般来说，这两个指标大的产业参与了更多的循环，处于较多的产业循环关联中，对整体循环具有更强的影响。

从中国 2020 年产业网络的计算结果看，循环结构在中国的产业网络中起到重要作用。它包含的第一、二、三产业的数目分别为 1 个、10 个和 7 个，第二产业在循环结构中最多，可见第二产业仍为循环结构的主体。但第三产业的排位明显提前，前五位中的有四个属于第三产业，并且总揽了前三位，可见第三产业对我们经济循环的影响快速提升。第一产业的 1 号农林牧渔产品和服务也进入循环结构，作为国民经济的基础产业，对其他部门特别是 6 号食品制造及烟草加工业的发展起到重要的支撑和保障作用。

研究产业循环结构，一方面可以从循环视角分析某些产业政策对经济的整体影响，从关联路径上分析减少不良刺激的影响方法；另一方面可以在已有结构的基础上分析现有条件，提高循环结构的循环水平，带动区域经济向更高的水平发展。

4.3 广义产业圈度的概念、计算及应用

在前面产业圈度的计算过程中，我们将经过一个产业的产业圈的数目作为依据，衡量这个产业在循环过程中所起到作用。产业圈有长有短，长的产业圈包含的产业较多，经过的中间关联数目多。当一个经济刺激发生于某个产业向其他部门扩散时，由于刺激在每一步都有减弱，经过一个较长的产业圈再次达到这个产业时，冲击减小了很多。所以，圈长会影响产业循环。在循环中心系数的计算过程考虑了这个影响，从计算结果看其排序与圈度百分比的排序有一些差别，反过来也证明了圈长的这种影响。

不过，循环中心性系数仍然与实际情况有出入。因为在产业圈的定义中，要求在同一个产业圈之内的产业不相同，这使得有些产业循环没有考虑在内。

比如，在图 4-3 中，由于前面产业圈的定义中要求产业（即图 4-3 中的点）不能重复，不存在产业 a 经过产业 c 再到达产业 a 的产业圈。但是实际上，经过 $a \to b \to d \to c \to b \to a$ 刺激可以从 a 发出路过 c 再到达 a。再有，产业 a 可以过产业 b 经过 2 步到达产业 a；也可以通过 $2 \times k$（$k=2$，…）步，比如 $k=2$，通过闭通道①→⑤→①→⑤→①共 4 步，回到自身部门。这些在产业圈度的计算中都没有体现。

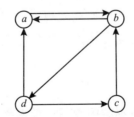

图 4-3 某产业循环结构示意图

从现实中产业循环的过程看，刺激从一个产业开始，无论经过什么通道，只要回到该产业，就会再一次对该产业形成刺激。所以，对其经过的通道不应该做出限制，无论所经过的通道是长是短，或者有没有重复前面已经过的产业。

为了解决这一问题，这部分内容对产业圈的定义进行扩展（圈内可包含重点与重边），提出了广义产业圈和广义产业圈度等概念。

4.3.1　广义产业圈及广义产业圈度等相关概念

1. 广义产业圈

在一个产业网络中，对于其中的产业 v，所有经过 v 的有向闭通道 C 称为 v 的广义产业圈，C 中的顶点及边都可以相互重合。

广义产业圈可视为多个产业圈的组合，涵盖了所有的经过这个产业的闭通道。由于循环速度快，小圈长的产业圈对广义产业圈度有更大的影响。

2. 广义产业圈度

在一个产业网络中，对于其中任何一个产业 v，经过产业 v 的一定圈长以内的广义产业圈的数量，称为产业 v 的广义圈度。

由于广义产业圈是产业的实际循环通道，同一个广义产业圈内所包含的产业可以重复，通道可以循环，所以其圈长可以达到无穷，这就需要我们对圈长进行界定。实际研究发现，根据广义圈度对产业进行排序，当圈长到达一定长度时，排位不再发生变化，并且随着圈长的增加，相互之间的圈度差距拉大。

当圈长达到一定长度后，循环结构中各个产业的广义圈度的排位不再发生变化，此时的圈长为基础圈长，它是深入研究广义产业圈度的基础。

3. 循环结构的广义产业圈度

由于循环可以无限进行，广义产业圈不同于产业圈，循环结构的广义圈度与循环结构的圈度也有不同。但是圈长一旦确定，循环结构中所包含的广义产业圈的数目就确定了。

在基础圈长 l_0 确定的情况下，一个循环结构所包含的广义产业圈的数目，为其广义产业圈度。

与计算循环结构的圈度类似，计算循环结构的广义产业圈度，首先将其长度为 l 的所有广义产业圈度求和，再除以其长度 l，得到长度 l 的广义产业圈度；然后再根据长度求和，得到循环结构的广义圈度 d_c^g。

$$d_c^g = \sum_{l=2}^{l_0} \frac{\sum_{i=1}^{m} d_l^g(i)}{l} \tag{4.8}$$

式 (4.8) 中，$d_l^g(i)$ 指产业 i 长度为 l 的广义产业圈度。

4. 广义产业圈度百分比

广义产业圈度百分比，是指一个产业的广义圈度所占其所在的循环结构的广义圈度的百分比。对于一个广义圈度为 d_c^g 的循环结构，i 为它的一个产业，设其圈度为 $d_c^g(i)$，其广义产业相对圈度为 $p_{d_c(i)}^g$，则

$$p_{d_c(i)}^g = \frac{d_c^g(i)}{d_c^g} \times 100\% \tag{4.9}$$

5. 广义产业圈长分布

广义产业圈长分布描述了各个长度的广义产业圈度。对于产业 i，设其圈长为 $l(i)$ 的广义产业度为 $d_l^g(i)$（$l = 1, \cdots, m$），则其广义产业圈长分布 Ω_i 为：

$$\Omega_i^g = \begin{pmatrix} l_1(i) & l_2(i) & \cdots & l_m(i) \\ d_{l_1}^g(i) & d_{l_2}^g(i) & \cdots & d_{l_m}^g(i) \end{pmatrix} \tag{4.10}$$

以横坐标表示其圈长，纵坐标表示其产业圈的数目，随着圈长的增

加，其所对应的广义产业圈度会增加，呈指数型分布。

6. 广义产业绝对圈度

对于产业 v_i，设其圈长为 l 的广义产业圈度为 $d_l^g(i)$（$l = 2$，$\cdots$，m），广义产业绝对圈度为 $d_{ac}^g(i)$，则

$$d_{ac}^g(i) = \sum_{l=2}^{m} \frac{d_l^g(i)}{l} \tag{4.11}$$

7. 广义产业循环中心系数

以基础圈长 l_0 为限定长度，对于包含 m 个产业的循环结构，设产业 i 圈长为 l 的广义产业圈度为 $d_l^g(i)$（$l = 2$，$\cdots$，l_0），则其广义产业循环中心性系数 cc_i^g 为 v_i 的各个圈长的广义产业绝对圈度所占循环结构的广义产业圈度的百分比，即

$$cc_i^g = \frac{d_{ac}^g(i)}{d_c^g} \times 100\% \quad i = 1，\cdots，m \tag{4.12}$$

4.3.2 计算方法

产业 i 的广义圈度涵盖了过产业 i 的全部循环通道，随着产业圈圈长的增加，广义产业圈中包含了大量由小圈长的产业圈循环而得到的广义圈。比如图 4-1 中，当圈长为 10 时，产业网络中包含产业圈 $v_1 \rightarrow v_2 \rightarrow v_1$ 循环 5 次，以及产业圈 $v_1 \rightarrow v_2 \rightarrow v_3 \rightarrow v_4 \rightarrow v_5 \rightarrow v_1$ 和 $v_1 \rightarrow v_2 \rightarrow v_3 \rightarrow v_6 \rightarrow v_5 \rightarrow v_1$ 循环两次所得到的广义产业圈。随着圈长的增大，小圈长产业圈循环得到的广义产业圈度在总圈度中所占的份额增加，所以当圈长到一定数值后，各个产业的广义产业圈度的排位不再发生变化。

设产业网络的邻接矩阵为 $\boldsymbol{Z}$，$\boldsymbol{Z}^m$ 的第 i 行、第 j 列元素 z_{ij}^m 即为由产业 i 到产业 j 的长度为 m 的所有通道的数量，$\boldsymbol{Z}^m$ 对角线上的元素 z_{ii}^m 为产业 i 到自身的长度为 m 的闭通道的数量，也就是产业 i 的圈长为 m 的广义产业圈度。

当广义产业圈度的排位不再发生变化时，对应的圈长为基础圈长 l_0，这时的广义产业圈度包含了圈长小于等于 l_0 的全部广义产业圈度。

对于产业网络的邻接矩阵 $\boldsymbol{Z}$，设 $\boldsymbol{T} = \boldsymbol{Z}^2 + \cdots + \boldsymbol{Z}^{l_0}$，第 i 个产业 v_i 的广义圈度为 $d_c^g(i)$，$\boldsymbol{T}$ 的对角线上第 i 个元素 t_{ii} 表示了长度小于等于 l_0 的全部经过产业 v_i 通道数目，即

$$d_c^g(v_i) = t_{ii} \tag{4.13}$$

为了检验广义圈度的排位是否变化，增加圈长到 $l_0 + 2$，比较 l_0、$l_0 + 1$、$l_0 + 2$ 广义圈度的排位，如果三者的排位相同，并且相互之间广义圈度差距拉大，则视为不再发生变化。

计算出广义产业圈度后，与其相关的其他概念根据式（4.8）~式（4.12）可以计算得到。

4.3.3 中国 2020 年产业循环结构的广义产业圈度等计算分析

根据上述计算方法计算，得到中国 2020 年循环结构的广义产业圈度的排位在当 $l_0 = 9$ 时稳定。为了验证，增加计算量，计算至 $l_0 = 12$ 的广义产业圈度，其分布见表 4 - 3。

表 4 - 3　　　　　中国 2020 年循环结构广义产业圈度分布

产业	圈长										
	2	3	4	5	6	7	8	$L_0 = 9$	10	11	12
1 农林牧渔产品和服务	2	1	11	50	224	957	4 118	17 853	77 563	336 853	1 462 757
6 食品和烟草	1	2	11	51	225	953	4 121	17 882	77 684	337 401	1 464 949
10 造纸印刷和文教体育用品	0	1	7	36	150	638	2 761	11 989	52 131	226 379	982 962
12 化学产品	1	5	21	102	436	1 888	8 188	35 538	154 371	670 323	2 910 635

续表

产业	圈长										
	2	3	4	5	6	7	8	$L_0 = 9$	10	11	12
14 金属冶炼和压延加工品	0	2	15	47	203	891	3 931	17 025	73 920	320 786	1 393 135
15 金属制品	0	1	6	21	90	394	1 720	7 459	32 381	140 595	610 530
16 通用设备	1	0	6	17	80	312	1 415	6 050	26 442	114 484	497 566
18 交通运输设备	1	7	30	129	550	2 423	10 564	45 953	199 434	865 995	3 760 042
19 电气机械和器材	2	4	18	65	297	1 243	5 415	23 386	101 691	441 361	1 916 748
20 通信设备、计算机和其他电子设备	2	0	13	33	171	680	3 047	13 076	57 019	247 167	1 073 865
24 电力、热力的生产和供应	0	3	5	14	75	331	1 409	6 011	26 097	113 411	492 615
28 批发和零售	2	6	36	163	699	3 009	13 032	56 642	246 015	1 068 351	4 638 698
29 交通运输、仓储和邮政	3	9	51	210	923	3 979	17 314	75 147	326 377	1 417 113	6 153 302
30 住宿和餐饮	0	1	11	46	189	792	3 436	14 958	65 010	282 300	1 225 552
31 信息传输、软件和信息技术服务	1	3	16	68	299	1 279	5 583	24 202	105 168	456 554	1 982 545
32 金融	2	6	31	142	608	2 650	11 445	49 769	215 980	938 181	4 073 159
33 房地产	2	4	16	71	322	1 404	6 075	26 330	114 299	496 382	2 155 468
34 租赁和商务服务	4	14	64	280	1 212	5 262	22 850	99 205	430 817	1 870 588	8 122 413

为了表现广义产业圈度的发展趋势，将圈长 12 以内的广义产业圈度以折线图表示，以横坐标表示广义产业圈的圈长，纵坐标表示广义产业圈度，得到中国 2020 年广义产业圈度，如图 4 - 4 所示。可以看到自从圈长达到基础圈长 9 以后，各个产业的排位没有变化，并且彼此之间的差距拉大。

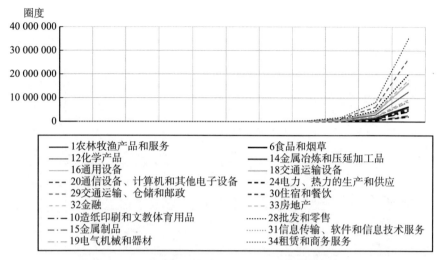

图 4 - 4　中国 2020 年循环结构广义产业圈度分布

将基础圈长 l_0 以内的所有广义产业圈度合计，并进行排位。同时计算循环中心性系数及其排位，并与广义产业圈度的排位进行比较，如表 4 - 4 所示。

表 4 - 4　　　中国 2020 年广义产业圈度、广义循环中心性系数及排位

产业部门代号与名称	广义圈度 $l_0=9$	广义圈度排位	广义循环中心性系数（%）	产业圈度排位
34 租赁和商务服务	128 891	1	18.08	1
29 交通运输、仓储和邮政	97 636	2	13.70	2
28 批发和零售	73 589	3	10.32	5
32 金融	64 653	4	9.07	3
18 交通运输设备	59 657	5	8.37	7
12 化学产品	46 179	6	6.48	6
33 房地产	34 224	7	4.80	16
31 信息传输、软件和信息技术服务	31 451	8	4.41	11
19 电气机械和器材	30 430	9	4.27	4

产业部门代号与名称	广义圈度 $l_0 = 9$	广义圈度排位	广义循环中心性系数（％）	产业圈度排位
6 食品和烟草	23 246	10	3.26	10
1 农林牧渔产品和服务	23 216	11	3.26	9
14 金属冶炼和压延加工品	22 114	12	3.10	8
30 住宿和餐饮	19 433	13	2.73	15
20 通信设备、计算机和其他电子设备	17 022	14	2.39	13
10 造纸印刷和文教体育用品	15 582	15	2.19	18
15 金属制品	9 691	16	1.36	14
16 通用设备	7 881	17	1.11	17
24 电力、热力的生产和供应	7 848	18	1.11	12

从表4-4可以看出，广义产业圈度与圈度相比，排名前十位的产业大部分（8个）还处于前十位，但次序有一些改变。在整个循环结构的18个产业中，排位完全相同的有5个；排位差距最大的是33号房地产业，排位相差9，由第16位提升到第7位；其次是24号电力、热力的生产和供应，排位由第12位降至第18位。可见，增加考虑圈长及各种类型的闭通道等的因素以后，所得到的产业的地位发生一定的改变，广义产业圈度作为描述产业在循环中作用的指标，有一定的意义。

4.3.4　结论

广义产业圈度描述了过一个产业的实际循环通道的数量，它不同于度，也与产业圈度有所区别，作为一个独立指标，从产业关联结构角度描述了产业的内在特征。相比于产业圈，广义产业圈减少了对其内产业特征的限定，致使广义产业圈度对产业循环的描述更接近现实。

广义产业圈度大的产业在区域中表现出了更强的循环性，从而对其他产业和整个系统有更强的影响，是区域的关键产业。分析一个区域中的经济特征时，需要关注广义产业圈度大的产业。当分析现实问题，如环境问题、资源问题等，在考虑各种措施的影响时，也要计算各个部门的广义产业圈度，关注数值大的产业。

广义产业圈度和产业圈度都是研究循环结构内各个产业对循环的影响，两者有相似性，也有不同。产业圈是循环结构的基础结构，广义产业圈可视为多个产业圈的组合。一个产业的圈度描述了在循环结构经过这个产业的产业圈的数量，一旦循环结构确定，圈度也确定下来。广义产业圈度描述的是经过这个产业的实际循环通道的数量，随着循环的延续，会一直增加，只有限定圈长，才有意义。

4.4　产业网络的循环核结构

前面的内容主要针对产业网络的循环结构中单个产业的特点，分析它们在循环过程所发挥的作用，而循环结构内部各个产业之间的关系又可以进一步深挖，因为它们之间的紧密程度又有不同。有的几个产业之间关联紧密，甚至相互可以直达，形成一个关联紧密的核心，其他产业围绕着这个核心循环，这里将这个核心称为循环核。核以外的产业有的与循环核中的个别产业关联，从而与核心相连；还有的产业处于核的外层，虽然也处于循环结构中，但与核心团体距离较远，与它们的关系相对疏远。一个循环结构中可能存在几个循环核，这些循环核对循环结构的影响又有不同，处在不同的地位上。

在图 4-5 中，v_1、v_2 和 v_3 组成一个循环结构，在 v_1 和 v_3 之间，两者可以直接互达，直接相互影响，关联紧密。而 v_1 和 v_2 之间，虽然 v_1 可以直接到达 v_2，但 v_2 却需要经过 v_3 才可以到达 v_1，可见 v_1 和 v_3 形成一个循环核，v_2 围绕在循环核的周围。

在一个循环结构中，研究产业之间关系的紧密情况，结合产业循环，可以挖掘出循环结构中的循环核，并且根据这些循环核的作用分成不同的等级。处于最高等级的产业循环核不仅内部关联紧密，而且在整个循环结构处于关键位置，具有最强的聚集力；而处于较低等级的循环核虽然其核内部仍然关系特别紧密，但对其周围的产业影响没有那么突出。合理布置循环核的产业，以其为中心，向外辐射其周边的产业，可以使资源的空间布置更合理。

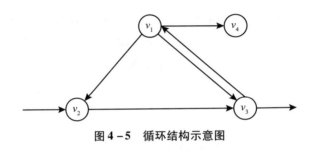

图 4-5　循环结构示意图

4.4.1　产业循环结构的循环核的概念

由前面的研究我们知道，一个产业网络的循环结构内部各个产业之间一定可以相互抵达，存在有向的路径，所以相比于循环结构以外的产业，它们之间的关联比较紧密。不过，虽然同处于一个循环结构内部，关联紧密程度又存在差异。循环核是循环结构的中心，其内部产业之间关联紧密，对周围产业的循环有重要的影响，具体定义如下：

定义：循环结构的循环核，是循环结构中的一个子循环结构（或单个产业顶点），其内部产业之间关联紧密，具有同等的循环特性，循环结构的其他产业围绕循环核形成由紧密至疏松的关系。

由于循环核对其他产业的影响，当它与循环结构的其他产业不再关联时，会弱化整个循环结构的循环，有时会造成整个循环结构不再循环，甚至出现多个不连通的子图；有时会使得整个循环结构的圈度大大减小，具体情况与循环核和结构内其他产业之间的关系相关。

一个循环结构可能包括多个循环核，其中影响最大的循环核为最高等级（即一级）的循环核，当它与其他产业不再关联时，会使整个循环结构的圈度减少最多。如果将最高层循环核剔除，剩余结构中可能还会存在循坏结构和循环核，剩余循环结构中最高等级的循环核为二级循环核，依次类推，得到三级、四级等循环核。

循环核是循环结构中关系紧密的子结构（或单个产业），循环结构中各个等级的循环核形成了多个循环中心，等级越高的循环核在整个循环结构中的影响越大。最高等级的循环核是整个循环结构的中心，低等级的循环核只是局部的中心。循环核周围的产业围绕着它，越靠近循环核，在循环结构中的地位越突出。整个循环结构呈现一种以一级循环核为中心，多个圈层层层包围的状态。低级的循环核虽然内部关联也非常紧密，但仍隶属于高级循环核外围的圈层上。

循环核是关系紧密的子循环结构（或单个产业），但关系紧密的子循环结构不一定是循环核，还需要分析它对周围产业的影响。

每个循环结构至少存在一个循环核，最简单的循环核就是这个循环结构本身，比如一个完全有向圈，或者一个产业圈，它们每个顶点的绝对圈度都相同。最小的循环核只包含一个顶点，循环结构中的其他顶点围绕着它形成循环结构，如图 4-9 中的 1 号产业。

从整体看，一个产业不属于循环核，但处于离一级循环核较近的圈层上，它在整个循环结构的地位仍然很高；同理，一个特别低等级的循环核，如果整体处于处一级循环核较近的圈层上，其在整体中的地位仍然很高。

一个循环结构中可能出现同等级的多个循环核，因为在剔除高等级的循环核以后，可能出现多个循环结构，它们又有自己的循环核，就形成了多个同等级的循环核。

图 4-6 是一个循环结构，包含 5 个产业圈，其中，v_1 和 v_2 组成一个循环核①，在这个核内的两个产业组成圈长为 2 的圈，绝对圈度都为 $1/2$；v_5、v_6 和 v_7 组成一个循环核②，绝对圈度都为 $1/3$。当循环核①的产业全部孤立后，循环结构只剩余一个产业圈 $v_5 \rightarrow v_6 \rightarrow v_7 \rightarrow v_5$，形成循环核②。

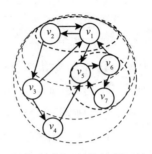

图 4 - 6　循环结构的循环核

循环核内部各个顶点具有同等的循环特征，每个产业在循环核内的圈度相等。最紧密的循环核是一个完全有向图（假设包含 m 个产业），其内部的关联边有 $m \times (m-1)$ 条。一个循环核内部的关联密度越大，循环核内部各产业之间的关系越紧密。

图 4 - 6 中，循环核①的关联密度为 $\rho = \dfrac{e}{m \times (m-1)} = \dfrac{2}{2 \times 1} = 1$，而循环核②的关联密度 $\rho = \dfrac{e}{m \times (m-1)} = \dfrac{3}{3 \times 2} = 0.5$，可见循环核①比循环核②的关系更紧密。

4.4.2　探寻循环核的算法设计

从前面的定义知道，循环核有两个特点，一是它是一个子循环结构（或单个产业），其内部各个产业的循环特点（圈度、绝对圈度等）相同；二是它对循环结构中其他产业的影响比较大，根据这种影响划分其等级。所以，从循环结构中挖掘循环核可以从这两点入手。

我们首先分析一下循环结构的组成。产业圈是循环结构中的基本单元，如果几个产业处于同一个产业圈中，它们通过这个圈相互到达。根据 4.2.1 小节的定义，循环结构的圈度是这个循环结构中产业圈的数量。计算一个循环结构的圈度，可以根据这个循环结构中各个产业的绝对圈度加总得到。

产业绝对圈度虽然能表达单个产业的作用，但却没法描述它与其他产业之间关系。不过产业绝对圈度最小的产业，一定对整个循环结构的贡献最小。因此，我们从最小绝对圈度的产业入手，通过一次次剥离，最后剩余的具有相同循环特征的结构便是对循环结构的影响最大的部分，即一级循环核。将其剔除，对剩余部分的循环结构重复进行上述步骤，得到二级、三级等循环核。

在探寻循环核的过程中，每一次剥离的所剩结构中绝对圈度最小的产业，形成循环结构的一个圈层。一个圈层可能包含一个产业，也可能包含多个产业。

基于此，设计挖掘循环核的思路如下：

第一步：计算循环结构中各个产业的圈度分布，进一步计算各个产业的绝对圈度。

第二步：找出绝对圈度最小的产业，令其变对孤立部门（邻接矩阵相应的行和列为 0），得到新的结构，找出其循环结构，并计算新循环结构中各个产业的绝对圈度。

第三步：重复第二步的做法，直到所得到的循环结构中各个产业的绝对圈度均相等。这时所得到的即为一级的循环核。

第四步：对于原循环结构，令所有一级的循环核内的产业为孤立产业，重复第一至三步，找出二级循环核。

第五步：重复第四步，对原循环结构，令一级、二级循环核中的产业孤立，得到三级等循环核。

第六步：新结构中无循环结构，结束。

对于图 4 - 6，计算各产业的绝对圈度（见表 4 - 5），循环结构的圈度为 5。

通过前面的步骤，首先剔除产业绝对圈度最小的最外圈层产业 v_4，计算新结构的绝对圈度。新的循环结构中，v_3 和 v_7 的绝对圈度相等，处于同一个圈层，将它们同时剥离。之后，产业 v_5 和 v_6 又处于同一个圈层。再次剥离后，得到循环核——v_1 和 v_2 组成的循环结构。令 v_1 和 v_2 成为孤立部门，剩余的循环结构即是由 v_5、v_6 和 v_7 组成的第二级循环核②。

表4-5　　　　　　　　图4-6中产业的圈度分布及绝对圈度

圈长	部门						
	1	2	3	4	5	6	7
2	1	1	0	0	0	0	0
3	2	1	1	0	2	2	1
4	0	0	0	0	0	0	0
5	0	0	0	0	0	0	0
6	1	1	1	1	1	1	0
圈度合计	4	3	2	1	3	3	1
绝对圈度	1.33	1.00	0.50	0.17	0.83	0.83	0.33

4.4.3　中国2020年产业网络循环结构的循环核

1. 一级循环核

由3.3.2部分的计算我们知道，中国2020年产业网络的循环结构包含74个关联关系，涉及18个产业，各产业圈度见表4-1。计算其各产业的绝对圈度，见表4-6第二列。得到其最小值为10号，将其剥离，计算剩余结构的绝对圈度，见表4-6第三列，之后，依次对各圈层的产业16、产业15、产业24、产业14、产业20、产业19、产业31、产业33、产业18、产业12、产业1、产业6和产业30、产业32进行剥离，得到一级循环核。

从表4-6可以看出，最后剩余的产业为28号、29号和34号，它们的绝对圈度相等，均为1.7，组成一个完全有向图，是这个循环结构的一级的循环核，循环结构中的其他产业一层层围绕它们由内至外关系逐渐松散。越靠近外圈层的产业，剥离时间越早，对结构循环的影响越小。将第一级循环核及其外最近的三个圈层画出（见图4-7）。

表4-6　产业绝对圈度及第一轮剥离次序

| 产业 | 依次剥离 | | | | | | | | | | | | | | |
---	0	1	2	3	4	5	6	7	8	9	10	11	12	13	14
1	3 495.3	2 344.4	1 417.8	761.1	499.8	310.3	161.5	114.1	76.9	43.6	23	11.2	0	0	0
6	3 498.7	2 213.9	1 341.7	708.2	482.9	303.8	151.5	104.6	71.3	40.9	19.7	12.5	4.9	0	0
10	2 104.1	0	0	0	0	0	0	0	0	0	0	0	0	0	0
12	4 691.5	2 587.4	1 611.3	861.8	513.1	344.4	149.9	93.8	64.2	37.5	11.8	0	0	0	0
14	4 133.2	2 570.1	1 425.3	621.4	303.5	0	0	0	0	0	0	0	0	0	0
15	2 872.2	1 820.2	1 044.2	0	0	0	0	0	0	0	0	0	0	0	0
16	2 313.1	1 426.7	0	0	0	0	0	0	0	0	0	0	0	0	0
18	4 419.3	2 867.6	1 554.7	837.5	560.5	299.7	159.8	85.1	59.3	33.9	0	0	0	0	0
19	4 747.1	3 042.5	1 745.4	823.7	430.7	243.9	74.7	0	0	0	0	0	0	0	0
20	2 951.2	2 054.5	1 285.7	706.6	452.9	241.5	0	0	0	0	0	0	0	0	0
24	2 935.5	1 869	1 148.9	393	0	0	0	0	0	0	0	0	0	0	0
28	4 778.8	2 998.8	1 832	969.2	643	397.8	190.6	128.4	89	46.6	20.8	13.4	5.7	2.5	1.7
29	5 169.4	3 249.6	1 964.2	1 038.3	694.8	415.1	199.8	134.2	84.8	50.4	20.8	13.4	5.7	2.5	1.7
30	2 708	2 149.3	1 281.8	711.6	453.4	269.6	157.4	117.2	80.3	44.8	26.6	15.6	4.9	0	0
31	3 507	2 074.3	1 289.1	721.9	491.7	278.9	79.5	56.5	0	0	0	0	0	0	0
32	5 004	3 101.3	1 872.3	985.3	659.5	381.4	186.3	130.2	82.5	41.6	21.7	13.4	5.4	1.7	0
33	2 771.2	1 779.8	1 091.2	579.2	375.2	242.4	123.4	85.6	48.7	0	0	0	0	0	0
34	5 298.5	3 362.2	2 047.5	1 056.2	705	432.3	221.6	152.3	98.1	53.7	24.6	15.6	7.4	3.3	1.7

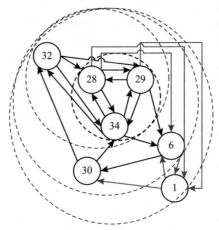

图4-7 一级循环核及其最近的三个圈层

2. 二级循环核

将一级循环核内的产业剔除，得到的部分仍为连通网络，但18号不再属于循环结构。对剩余部分的循环结构，仍采用上述方法，依次剥离，得出二级的循环核，见表4-7。

表4-7　　　　　　　　产业绝对圈度及第二轮剥离次序

产业	依次剥离											
	0	1	2	3	4	5	6	7	8	9	10	11
1	2.7	2.5	1.3	0.5	0	0	0	0	0	0	0	0
6	1.5	1.4	0.8	0	0	0	0	0	0	0	0	0
10	1.6	1.5	1.5	1.5	1.5	0	0	0	0	0	0	0
12	5	4.6	3.4	3.1	2.6	1.1	0	0	0	0	0	0
14	5.3	5.3	4.1	4.1	4.1	2.7	2.2	1.3	1.3	1	0	0
15	2.5	2.5	2.1	2.1	2.1	1.6	1.3	1	1	1	0.6	0
16	2.7	2.7	2.2	2.2	2.2	1.7	1.5	1.2	1.2	1.2	0.8	0.5
19	7.7	7.3	6.1	6.1	6.1	4.6	3.5	2.9	2.9	2.1	1.1	0.5
20	3.9	3.6	3.4	3.4	3.4	2.9	2.2	1.3	0.8	0	0	0

续表

产业	依次剥离											
	0	1	2	3	4	5	6	7	8	9	10	11
24	6	5.7	4.5	4.5	4.5	3	1.9	1.9	1.9	1.6	0.6	0
30	1.4	1.2	0	0	0	0	0	0	0	0	0	0
31	3.4	2.7	2.7	2.7	2.7	1.9	1.4	0.5	0	0	0	0
32	5.1	4	2.8	2.8	2.8	1.4	0.9	0	0	0	0	0
33	1.2	0	0	0	0	0	0	0	0	0	0	0

从表 4-7 可以看出，剔除一级循环核以后，剩余循环结构中每个产业的绝对圈度都减小很多，从原本的几千变为几个。再经过多次剥离以后，得到了二级的循环核，仅包含两个产业，为 16 号和 19 号。将二级循环核及其外最近的三个圈层的产业画出，得到图 4-8。

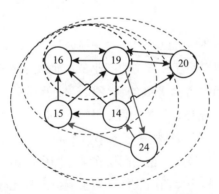

图 4-8　二级循环核及其最近三个圈层

3. 三、四级循环核

将前两级的循环核从原循环结构中剔除，得到两个循环结构。A 循环结构由 1 号、6 号和 12 号产业组成，剥离 6 号和 12 号产业，其循环核只剩单个顶点，1 号产业；B 循环结构中，通过依次剔除 14 号、20 号、31 号产业以后，得到由 32 号和 33 号产业组成三级循环核。可见，三级循环核有两个，如图 4 – 9 所示。

　　B 循环结构剔除 32 号和 33 号组成的三级循环核后，直接可以得到四级循环核，由 20 号和 31 号产业组成，这里不再画图表示。

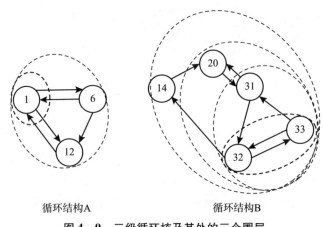

循环结构A　　　　　　　　　　　循环结构B

图 4 – 9　三级循环核及其外的三个圈层

　　分析这几级循环核可以看出，每一级循环核都是其周围圈层的循环中心，不过等级高的循环核影响的产业多，而低等级的循环核只影响局部产业，同时又围绕着高等级的循环核，处于其不同的圈层上。比如 32 号产业处于一级循环核的最内圈层中，同时又与 33 号组成三级循环核。1 号产业处于一级循环核最近的第三个圈层上，本身又是三级循环核。将一到四级循环核及较近的圈层在一个图中画出，见图 4 – 10。

　　在这几个循环核中，前两级循环核影响范围都比较大，一级循环核影响整个循环结构，主要由第三产业组成；二级循环核主要影响第二产业，其内的两个产业又分别处于一级循环核的不同圈层上。三、四级循环核分布于一级、二级循环核的各个圈层上。

4.4.4　结论

　　循环核是为了研究循环结构的内部关系而提出的一个概念模型，其内部的各个产业具有相同的循环特性，并且对整个结构的循环具有很大影响。根据影响范围不同，又分为不同等级。一级循环核是对整个循环结构影响最大的子图，是整个循环结构的中心。所有循环结构中的产业，以循环结构为中心，依次向外分布。二级循环核是剔除一级循环核内的产业后所剩余部分的循环结构的中心，在其所在的循环结构中具有最大影响，依次类推。

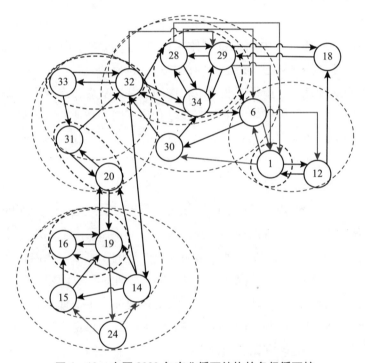

图 4 – 10 中国 2020 年产业循环结构的各级循环核

从前面挖掘循环核的过程可以看到，循环核是基于产业绝对圈度挖掘出来的，但是不一定绝对圈度高的产业一定处于循环核中，低级循环核只是一个局域的中心，可能处于一级循环核的各个圈层上。

挖掘循环核的过程，也是梳理循环结构内部各个产业之间关系的过程。总的看来，整个循环结构就是一个从一级循环核到各个圈层的分布结构，中间圈层上点缀着较低等级的循环核，从内到外呈现一种由紧密到松散的关系布局。

4.5 本章小结

本章在无权产业网络的基础上，从两个角度研究了循环结构，一是针对其内的单个元素——产业，构建一系列指标，从多个角度衡量单个产业在产业循环过程中的地位和作用；二是通过构建循环核的概念模型，对循环结构内部各个产业之间的关系进行梳理。

产业圈度是一个衡量产业地位和作用的基础概念。产业圈是循环结构的基础单元，圈内任何一个产业经过其他不同的产业后一定可以返回自身。一个产业的圈度是经过它的产业圈的数量。以产业圈度为基础，又可以扩展出产业绝对圈度、循环结构的圈度、产业圈度百分比、循环中心性系数等多个指标。

广义产业圈度描述了产业的实际循环路径，是经过一个产业的实际循环闭通道的数量，每循环一次就计入一次。相比于产业圈度，广义产业圈度增加考虑了圈长及多种类型闭通道的影响，不限制圈内各个产业相同与否，更接近现实情况。由于循环的无限性，只有限定了广义产业圈的圈长才有意义。从计算结果看，它更多地描述了一种趋势，产业循环进行到一定阶段后各个产业在循环中的地位基本稳定。

产业循环核是研究循环结构中描述多个产业之间关系紧密程度的模型。当多个产业之间关联紧密，具有同样的循环属性，并且对其周围产业的循环具有重要的影响时，它们形成循环核。一个循环结构可能存在多个等级的循环核，最高等级的循环核是整个循环结构的中心，结构内其他的产业围绕着它呈现出一种由紧密到疏松的关系。二级循环核是剔除最高级循环核之后的循环结构的中心，依次向下。

第5章　基于赋权产业网络的产业循环分析

对于产业循环的研究，上一章针对产业网络的强连通子图——循环结构，提出了用产业圈度和广义产业圈度作为指标，对经济体系中各个产业进行排序，确定关键产业的方法，并以其为工具研究产业之间的紧密关系，提出了循环核的概念模型。在本章将涉及另一个要素，产业关联的大小——以赋权产业网络研究产业循环。根据构建产业网络的方法我们知道，产业网络中的关联都是显著关联，但是这些显著关联的大小又有不同，这种不同仍会对循环产生影响。所以本章将每个产业关联的大小也纳入考虑范畴，进一步用更接近现实的方法研究每个产业对循环的影响。

从整个网络来看，加入产业关联边的权重后，内部又可以挖掘出具有独特特性的子图。产业网络中含有大量的通道，当一个外部刺激经过通道后，有的通道能够较好地传递刺激，将刺激带给更多的产业；有的只经过很短几步，刺激就变得很微弱。从大量的通道中筛选出畅通性好的通道，对于研究产业链等现实问题具有重要意义。这些通道不一定存在于循环结构中，也不必区分其所经过的产业是否相同。

另外，刺激的传递虽然从理论上讲可以无限进行，但实际情况是进行到一定程度以后，影响的幅度非常小。那么产业扩散进行到几步影响会变得比较小呢？如果找到显著扩散的步数，多于这个步数时影响就可以忽略。

本章在赋权网络的基础上，首先提出产业循环度的概念，描述一个产业在经济循环运转中所带来的全部拉（推）动力，研究产业的循环特性。根据循环的作用范围，将其划分为单个产业内部的循环和多个产业之间的循环。之后研究了产业循环的主要扩散路径——产业关键循环通道，设计了筛选不同长度的关键通道的方法。

5.1　产业循环度

5.1.1　产业循环度的概念

首先构建赋权产业网络，在它的基础上进行进一步的研究。

1. 赋权产业网络的构建及关联分析

在产业网络中，当两个产业之间存在显著的投入关系时（显著性的确定有多种方法，可以是前面章节的阈值，也可以将所有关联的影响全部计入，取 0 为阈值，认为只要投入大于 0 都存在关联），它们之间存在有向边（弧）。为了既表达关联关系又描述产业关联强度，对网络中的关联边赋权（直接消耗系数表达了产业之间直接关联强度，本书以直接消耗系数对有向边的赋权），得到产业赋权网络 G，$G = (V, A, W)$。其中，V 表示所有产业的集合，A 表示有向边的集合，W 表示有向边的权重的集合。

在赋权产业网络 G 中，当两个产业 i，j 之间存在有向边 a_{ij} 时，表明它们之间存在显著的直接关联，关联强度为有向边的权重（即直接消耗系数）w_{ij}；当两个产业之间不直接存在有向边，但却存在有向路时，表明它们之间存在间接关联关系，关联沿着有向路传递；当既不存在有向边也不存在有向路时，则它们之间不存在关联关系。

图 5 - 1 中，产业网络中存在有向边 xy、yz 等，表示产业 x 和 y 之间以及 y 和 z 之间存在直接关联，关联强度为 w_{xy} 和 w_{yz}；产业 x 和 z 之

间不直接存在关联，但存在有向路，产业 x 经过有向路 $x \to y \to z$ 影响产业 z；产业 x 与产业 u 之间不存在影响。

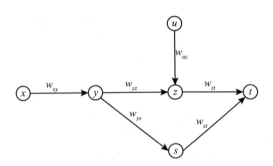

图 5 - 1 赋权网络示意图

产业网络中的有向路表达了两个产业之间的间接关联，由间接关联的概念可知，一条有向路上的间接关联强度为其上所有边的系数（直接消耗系数）的乘积。图 5 - 1 中，产业 x 和 z 之间存在有向路 $x \to y \to z$，那么 x 到 z 的关联强度为 $w_{xy} \times w_{yz}$。当两个产业之间存在多条有向路时，它们之间的关联强度为各条有向路的关联强度之和。图 5 - 1 中，产业 y 和 t 之间关联强度为 $w_{yz} \times w_{zt} + w_{ys} \times w_{st}$。

2. 产业循环度定义

从上面的分析可以知道，由于产业关联的存在，一个产业影响自身有多条通道，可以自己影响自己，直接与自己关联；还可以经过其他产业后再达到自身。确定一个产业在循环过程中的所发挥的作用，不仅要考虑返回自身所历经的全部通道，还要考虑在这些通道上的多次循环。基于此，本书给出如下定义：

定义：一个产业的循环度，指它在产业网络中由于产业关联而形成的对自身部门的全部拉（推）动力之和，体现这个产业的循环能力。

首先我们分析各类循环通道。产业的循环度包含了这个产业对自身的全部拉（推）动力，可以沿闭通道直接传给自己，形成产业环，这时产业对自身部门存在投入，如图 5 - 2（a）所示；可以经过一个其他产业而达到自身的，即两边圈，如图 5 - 2（b）所示；还可以经过几个其他部门传给自身，如图 5 - 2（c）、图 5 - 2（d）所示。总之，闭通道是产业循环中作用力的传递路径，中间的产业可以相互不同，如图5 - 2（c）所示；也可以重复，如图 5 - 2（d）所示。其次，在每一条通道上，又可以进行无数次循环。

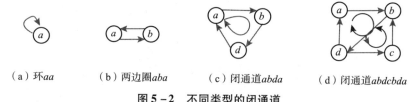

（a）环 aa　　　（b）两边圈 aba　　　（c）闭通道 $abda$　　　（d）闭通道 $abdcbda$

图 5 - 2　不同类型的闭通道

图 5 - 3 为某循环结构示意图，产业 a 的循环可以通过环 $a \to a$、两边圈 $a \to b \to a$、三边圈 $a \to b \to d \to a$，还可以通过闭通道 $a \to b \to d \to c \to b \to d \to a$ 等（见图 5 - 2）。由于中间部门可以重复，所以闭通道的数目是无穷多，如图 5 - 2（d）中，循环自 a 出发，在经过圈 $b \to d \to c \to b$ 时，可以循环任意次再到达 a。不论中间经过的产业是否相同，循环的作用力会返回至自身部门而进入下一轮。由于关联系数（在这里即直接消耗系数）远小于 1，每循环一次影响的强度会减弱一次。

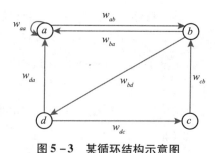

图 5 - 3　某循环结构示意图

一个产业的循环度即与它所经过的所有循环通道的数量有关，还与每条闭通道上关联强度的大小有关。循环闭通道数目越多、闭通道的关联强度越大，这个产业的循环度就越大。循环度大的产业在循环中处于更核心的地位。

5.1.2 产业循环度的计算方法

为了计算产业 i 的循环度，我们根据循环经过的闭通道，分解其循环过程。

1. 循环通道的分类

（1）边长为 1 的圈——环。

在产业循环过程中，当循环发生于单个产业内部时，形成产业的内循环，对应于产业网络上的环。这时循环的影响范围只是产业自身，但由于循环的存在，影响可以无穷多次。图 5-2（a）中，环 $a \to a$ 的存在使得产业 a 的任何变动可以刺激自身的发展，而这种刺激又可以带来进一步的刺激，持续下去。设产业 i 的环权重为 w_{ii}，其循环度为 c_i^c，则有

$$c_i^c = w_{ii} + w_{ii}^2 + w_{ii}^3 + \cdots \tag{5.1}$$

（2）长度为 k 的闭通道（见图 5-4）。

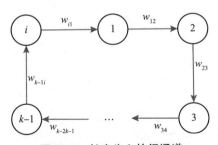

图 5-4 长度为 k 的闭通道

首先计算在某一条长度为 k 的闭通道上的循环度。对于产业 i，刺激沿长度为 k 的闭通道循环，第一次到达自身时，关联强度 $c_i(1)$ 为此闭通道上所有的有向边权重的乘积，即 $c_i(1) = w_{i1} \times w_{12} \times w_{23} \times \cdots \times w_{k-1i}$；第二次循环是在第一次的基础上进行，关联强度 $c_i(2)$ 为第一次的强度与闭通道上所有边权重的乘积，即 $c_i(2) = [c_i(1)]^2$；第三次循环又是在第二次的基础上进行，$c_i(3) = [c_i(1)]^3$，依次向下。产业 i 在这条闭通道 k 上的循环度，为所有循环强度的和，用 c_i 表示，则

$$c_i^l = c_i^l(1) + [c_i^l(1)]^2 + [c_i^l(1)]^3 + \cdots \tag{5.2}$$

假设有 n 条长度为 k 的闭通道，W 为产业赋权网络的权重矩阵，弧 ij 的权重为 w_{ij}，那么产业 i 在所有长度为 k 的闭通道上循环度为每条循环度的和，即

$$c_i^{l=k} = \sum_n \underbrace{w_{ix} \times w_{xy} \cdots \times w_{zi}}_{k} \tag{5.3}$$

即为 W^k 的对角线上第 i 行的值。

2. 产业循环度的计算

产业 i 的循环度是其经过所有闭通道返回到自身的所有拉（或推）力之和，设其为 c_i。对于始于 i 且终于 i 的所有闭通道，根据其长度对闭通道分类，可分为长度为 1、2、3、$\cdots$，即

$$c_i = c_i^{l=1} + c_i^{l=2} + c_i^{l=3} + \cdots \tag{5.4}$$

又

$$
\begin{aligned}
c_i^{l=1} &= w_{ii} \\
c_i^{l=2} &= \sum w_{im} \times w_{mi} \\
c_i^{l=3} &= \sum w_{ix} \times w_{xy} \times w_{yi} \\
&\vdots
\end{aligned}
\tag{5.5}
$$

令 $B = W + W^2 + \cdots + W^n + \cdots$，则

$$B = (I - W)^{-1} - I \quad (I \text{ 为与 } W \text{ 阶数对应的单位矩阵}) \tag{5.6}$$

B 的对角线元素 b_{ii} 为产业 i 的所有闭通道的关联强度之和，即

$$c_i = b_{ii} \qquad (5.7)$$

根据式（5.3）及式（5.7），可以计算各个产业的总循环度，以及各个长度的循环通道上的循环度。

3. 产业循环度的分类——产业内循环度和产业间循环度

我们从式（5.7）可以计算出一个产业的循环度，而从前面闭通道类型的分析可以显示这个循环度来源于两个部分，一是仅发生于这个产业的内部，二是发生于这个产业与其他产业之间。

（1）内循环度。

发生于单个产业 i 内部的循环称为产业内循环［见图 5-5（a）］，发生在内循环上的循环度为产业内循环度，是产业 i 内部所产生的全部拉（推）动力之和，为产业 i 的内循环度，计算方法见式（5.1）。

（2）间循环度。

由一个产业 i 出发，经过至少一个其他的部门又返回 i，使得循环发生于两个或两个以上的产业之间，这种循环称为产业间循环，这种循环带来的循环度为产业间循环度。间循环所经过的闭通道长度都大于 1。

产业间循环又包含两种类型，一类是不含任何产业内循环的间循环度，称为纯间循环［见图 5-5（b）］；另一类是既包括内循环也包括不同产业之间的循环，称为混间循环［见图 5-5（c），循环既含产业 a 的内循环，又含产业 ab 之间的循环，比如通道 $a \rightarrow a \rightarrow b \rightarrow a$］。

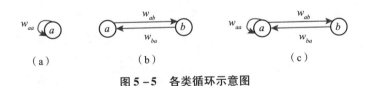

图 5-5　各类循环示意图

计算产业的纯间循环度时，需要去除产业内循环的干扰。为此，对于系数矩阵 W，令所有的对角线元素 $w_{ii} = 0$，此时 W 变为 W'，令 $B' =$

$W' + W'^2 + \cdots + W'^n + \cdots$，则

$$B' = (I - W')^{-1} - I \quad (I \text{ 为与 } W \text{ 阶数对应的单位矩阵}) \quad (5.8)$$

B' 的对角线元素 b_{ii}' 为产业 i 的纯间循环度 $c_i^{\cdots}$，即

$$c_i^{\cdots} = b_{ii}' \quad (5.9)$$

用总的循环度减去内循环度得到间循环度，再减去纯循环度，就可以得到混间循环度。我们一般不需要分析混间循环度。

内循环度只发生于单个产业内部，纯间循环度发生于几个产业之间，总循环度包含内循环度、所有的间循环度，这三个指标各有侧重，是常用指标。

5.1.3 中国 2020 年产业循环度的计算

为了计算全部的影响，这里构建产业网络时不再仅考虑显著关联，产业之间只要存在投入，就认为存在产业关联，即阈值为 0。以中国 2020 年 42 个产业的投入产出表为基础，计算直接消耗系数（附表 1），以其为权重构建中国的赋权产业网络。根据式（5.1）、式（5.7）、式（5.9），计算 42 个产业的内循环度、总循环度和纯间循环度，根据循环度大小对各个产业进行排序，并分别算出其内循环度和纯间循环度在总循环度中所占的百分比，如表 5 - 1 所示。

表 5 - 1　　中国 2020 年产业的循环度、内循环度和纯间循环度

产业	总循环度	排位	内循环度			纯间循环度		
			循环度	排位	占比（%）	循环度	排位	占比（%）
7 纺织品	0.5310	1	0.5199	1	97.9	0.0036	26	0.7
12 化学产品	0.4906	2	0.4493	2	91.6	0.0150	8	3.1
24 电力、热力的生产和供应	0.4552	3	0.4223	3	92.8	0.0123	9	2.7
18 交通运输设备	0.4097	4	0.3907	5	95.4	0.0075	18	1.8
9 木材加工品和家具	0.4067	5	0.4033	4	99.2	0.0012	35	0.3

续表

产业	总循环度	排位	内循环度			纯间循环度		
			循环度	排位	占比（%）	循环度	排位	占比（%）
20 通信设备、计算机和其他电子设备	0.3862	6	0.3678	6	95.2	0.0078	16	2.0
14 金属冶炼和压延加工品	0.3562	7	0.3281	7	92.1	0.0116	10	3.3
6 食品和烟草	0.2853	8	0.2215	12	77.6	0.0355	1	12.4
10 造纸印刷和文教体育用品	0.2762	9	0.2606	8	94.3	0.0073	19	2.6
31 信息传输、软件和信息技术服务	0.2608	10	0.2467	9	94.6	0.0071	20	2.7
16 通用设备	0.2578	11	0.2398	10	93.0	0.0086	13	3.4
13 非金属矿物制品	0.2347	12	0.2257	11	96.2	0.0045	23	1.9
1 农林牧渔产品和服务	0.2166	13	0.1555	18	71.8	0.0353	2	16.3
29 交通运输、仓储和邮政	0.2018	14	0.1650	15	81.7	0.0207	4	10.2
19 电气机械和器材	0.1969	15	0.1753	14	89.0	0.0106	11	5.4
2 煤炭采选产品	0.1933	16	0.1763	13	91.2	0.0080	14	4.2
8 纺织服装鞋帽皮革羽绒及其制品	0.1723	17	0.1628	17	94.5	0.0046	22	2.7
36 综合技术服务	0.1693	18	0.1629	16	96.2	0.0034	27	2.0
15 金属制品	0.1677	19	0.1527	19	91.1	0.0078	15	4.7
34 租赁和商务服务	0.1654	20	0.1161	22	70.2	0.0319	3	19.3
25 燃气生产和供应	0.1418	21	0.1401	20	98.8	0.0010	36	0.7
17 专用设备	0.1309	22	0.1217	21	93.0	0.0051	21	3.9
32 金融	0.1001	23	0.0730	25	72.9	0.0198	5	19.8
22 其他制造产品和废品废料	0.0984	24	0.0934	23	94.9	0.0029	29	2.9
21 仪器仪表	0.0959	25	0.0922	24	96.1	0.0021	31	2.2
11 石油、炼焦产品和核燃料加工品	0.0633	26	0.0488	28	77.1	0.0099	12	15.6
33 房地产	0.0623	27	0.0432	29	69.3	0.0153	7	24.6
41 文化、体育和娱乐	0.0554	28	0.0533	27	96.2	0.0015	32	2.7
26 水的生产和供应	0.0553	29	0.0542	26	98.2	0.0007	38	1.2
27 建筑	0.0391	30	0.0373	30	95.2	0.0013	34	3.2
37 水利、环境和公共设施管理	0.0344	31	0.0325	31	94.4	0.0014	33	4.0

产业	总循环度	排位	内循环度			纯间循环度		
			循环度	排位	占比（%）	循环度	排位	占比（%）
28 批发和零售	0.0303	32	0.0075	37	24.9	0.0167	6	55.3
42 公共管理、社会保障和社会组织	0.0246	33	0.0241	32	98.1	0.0003	39	1.4
40 居民服务、修理和其他服务	0.0230	34	0.0186	33	80.7	0.0032	28	13.9
5 非金属矿和其他矿采选产品	0.0208	35	0.0150	34	71.9	0.0044	24	21.1
39 教育	0.0150	36	0.0147	35	97.5	0.0003	40	2.0
4 金属矿采选产品	0.0147	37	0.0110	36	75.1	0.0022	30	14.8
30 住宿和餐饮	0.0121	38	0.0020	40	16.8	0.0076	17	63.0
3 石油和天然气开采产品	0.0067	39	0.0014	41	21.3	0.0039	25	59.0
40 卫生和社会工作	0.0061	40	0.0058	38	94.2	0.0002	41	3.8
35 研究和试验发展	0.0037	41	0.0037	39	100.0	0.0000	42	0.0
23 金属制品、机械和设备修理服务	0.0020	42	0.0008	42	39.8	0.0008	37	40.0

表5-1显示，从各个产业的总循环度的排序上看，与第4章的研究存在很大差异。许多在前面产业圈度计算时不突出的产业，在这里排序非常靠前。

最突出的是7号纺织品，其总循环度为0.531，是整个网络上最高的循环度，排名第一。而在我们建立产业网络时，它却根本不属于循环结构。分析其原因，主要由于它含有非常大的内部关联，其内关联占总关联度的97.9%。从附表A1查看对角线上的关联系数，7号产业内部关联系数排位为所有内部关联的最高值，同时也是全体关联系数的第二高值。再从纯间循环度排名看，它却到了第26位。所以，研究7号产业应该以分析其内循环为主。而第4章我们建立无权产业网络时，主要为了分析产业之间的关系，对角线元素全部设为0，这是我们的研究前提导致的。

其他的产业，除了35号研究和试验发展业的循环全部由内循环组成，其他产业的总循环中都是既包含产业内的循环，又包含产业间的循环。其中，大部分产业内循环的数量远远高于产业间循环，有 27 个产业内循环度占总循环度的 90% 以上。由于产业内循环的比重大，产业内循环的排名和总循环的排名更为接近。可见，在研究产业循环的过程中，一定要关注产业的内循环。

基于此，我们可以把典型的产业分为四类：第一类是内循环度突出，纯间循环度小；第二类是内循环度突出，纯间循环度也突出；第三类是内循环度小，纯间循环度突出；第四类是内循环度小，纯间循环度小；第四类以及特征不明显的产业在这里不过多描述。

1. 内循环度突出，纯间循环度小的产业

除了 7 号纺织品以外，9 号木材加工品和家具、13 号非金属矿物制品等产业都属于此类产业，它们虽然总循环度比较高，但主要存在于内循环，它们的纯间循环度都比较小，也就是与其他产业之间的关联较少。

2. 内循环度突出，纯间循环度也突出的产业

12 号化学产品、24 号电力、热力的生产和供应、18 号交通运输设备、20 号通信设备、计算机和其他电子设备以及 14 号金属冶炼和压延加工品等产业都属于这一类，它们的总循环度分别是第 2、3、4、6、7位，在附表 A1 中的内部关联系数排序也为整个网络的第 2、3、5、6、7 位，可见它们的内部循环非常突出；同时，它们的纯间循环度排位也比较靠前，可见它们与其他产业之间的关联也比较多，属于内循环度和间循环度同时比较突出的产业。

6 号食品和烟草和 1 号农林牧渔产品和服务也是两个比较特别的产业，它们的纯间循环度排位分别为第 1 位和第 2 位，但它们又与上述几个产业不同，它们并不是由于与太多个产业关联带来高纯间循环度的，而主要是 1 号对 6 号的投入太大引起的，它们之间的直接消耗系数在整个产业网络排第一位。也就是说，个别关联边太强影响了它们的纯间循环度。

3. 内循环度小, 纯间循环度突出的产业

34 号租赁和商务服务、29 号交通运输、仓储和邮政、32 号金融、28 号批发和零售、33 号房地产等是这一类产业的典型。它们的产业内循环度很小, 纯间循环度却比较突出, 主要集中在第三产业。纯间循环度不涉及产业的内循环, 更可以反映多个产业之间的关系。与第 4 章比较, 这些产业在圈度排名中也比较靠前, 可见纯间循环和产业圈度的排序更接近, 都可以描述经过自身的循环闭通道的数量, 只是纯间循环度增加了关联系数的信息, 更准确地反映了实际经济循环的情况。

各个产业的总循环度、内循环度和间循环度和纯间循环度的分布情况如图 5 - 6 所示。从图中我们也可以看到, 总循环度和内循环度非常接近, 可见总循环度更多是同内循环度组成的。而它们差别大的几个产业, 正是间循环度占比高的产业。

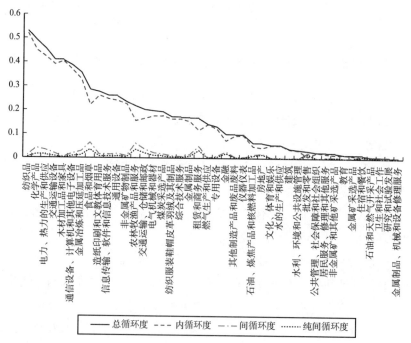

图 5 - 6　中国 2020 年各产业的总循环度、内循环度、间循环度和纯间循环度

　　由于循环经过的次数越多，影响越小，为了检验循环次数对总循环度的影响，计算了 5 次以内的循环占总循环度及纯间循环度的占比，如表 5 - 2 所示。

表 5 - 2　　产业闭通道圈长在 5 以内的纯间循环度和总循环度及占比

产业部门名称	纯间循环度				总循环度		
	总值	排序	圈长 5 以内的值	圈长 5 以内的占比（%）	总值	圈长 5 以内的值	圈长 5 以内的占比（%）
食品和烟草	0.03548	1	0.03511	99.0	0.28533	0.28138	98.6
农林牧渔产品和服务	0.03528	2	0.03496	99.1	0.21661	0.21320	98.4
租赁和商务服务	0.03185	3	0.03110	97.6	0.16536	0.16037	97.0
交通运输、仓储和邮政	0.02066	4	0.02011	97.3	0.20180	0.19707	97.7
金融	0.01982	5	0.01944	98.1	0.10008	0.09810	98.0
批发和零售	0.01673	6	0.01622	96.9	0.03025	0.02776	91.7
房地产	0.01531	7	0.01510	98.6	0.06228	0.06142	98.6
化学产品	0.01503	8	0.01464	97.4	0.49060	0.48108	98.1
电力、热力的生产和供应	0.01226	9	0.01196	97.6	0.45523	0.44788	98.4
金属冶炼和压延加工品	0.01158	10	0.01123	97.0	0.35622	0.35035	98.4
电气机械和器材	0.01063	11	0.01038	97.6	0.19689	0.19374	98.4
石油、炼焦产品和核燃料加工品	0.00988	12	0.00959	97.1	0.06331	0.06173	97.5
通用设备	0.00865	13	0.00849	98.2	0.25785	0.25558	99.1
煤炭采选产品	0.00804	14	0.00788	98.0	0.19327	0.19108	98.9
金属制品	0.00782	15	0.00759	97.1	0.16774	0.16545	98.6
通信设备、计算机和其他电子设备	0.00778	16	0.00765	98.3	0.38622	0.38331	99.2
住宿和餐饮	0.00765	17	0.00739	96.7	0.01213	0.01102	90.9
交通运输设备	0.00751	18	0.00731	97.4	0.40970	0.40554	99.0
造纸印刷和文教体育用品	0.00728	19	0.00706	97.0	0.27624	0.27352	99.0
信息传输、软件和信息技术服务	0.00711	20	0.00697	98.0	0.26080	0.25915	99.4

续表

产业部门名称	纯间循环度				总循环度		
	总值	排序	圈长5以内的值	圈长5以内的占比（%）	总值	圈长5以内的值	圈长5以内的占比（%）
专用设备	0.00509	21	0.00496	97.5	0.13090	0.12977	99.1
纺织服装鞋帽皮革羽绒及其制品	0.00462	22	0.00451	97.6	0.17228	0.17099	99.2
非金属矿物制品	0.00451	23	0.00441	97.7	0.23471	0.23342	99.5
非金属矿和其他矿采选产品	0.00440	24	0.00428	97.4	0.02084	0.02031	97.5
石油和天然气开采产品	0.00395	25	0.00379	95.8	0.00669	0.00600	89.7
纺织品	0.00359	26	0.00351	97.7	0.53104	0.52628	99.1
综合技术服务	0.00339	27	0.00329	97.1	0.16930	0.16841	99.5
居民服务、修理和其他服务	0.00320	28	0.00311	97.3	0.02302	0.02257	98.0
其他制造产品和废品废料	0.00288	29	0.00283	98.0	0.09842	0.09791	99.5
金属矿采选产品	0.00217	30	0.00210	96.5	0.01469	0.01410	95.9
仪器仪表	0.00213	31	0.00208	97.7	0.09591	0.09544	99.5
文化、体育和娱乐	0.00150	32	0.00145	97.3	0.05538	0.05516	99.6
水利、环境和公共设施管理	0.00138	33	0.00135	97.6	0.03442	0.03424	99.5
建筑	0.00125	34	0.00120	95.5	0.03914	0.03886	99.3
木材加工品和家具	0.00122	35	0.00118	96.8	0.40669	0.40512	99.6
燃气生产和供应	0.00098	36	0.00095	96.7	0.14176	0.14155	99.9
金属制品、机械和设备修理服务	0.00082	37	0.00079	97.4	0.00204	0.00189	92.8
水的生产和供应	0.00068	38	0.00066	98.3	0.05525	0.05517	99.9
公共管理、社会保障和社会组织	0.00035	39	0.00034	97.5	0.02457	0.02453	99.8
教育	0.00030	40	0.00030	97.7	0.01504	0.01501	99.8
卫生和社会工作	0.00023	41	0.00023	96.8	0.00613	0.00608	99.2
研究和试验发展	0	42	0	0	0.00373	0.00373	100.0

表5-2显示，纯间循环度的前20个排位的产业涵盖了在无权产业

网络中循环结构的 18 个产业，这也验证了使用无权产业网络的有效性。对各个圈长的闭通道循环度的计算表明，圈长 5 以内的纯间循环度占总的纯间循环度的比值全部在 95% 以上，而圈长 5 以内的总循环度占比在 42 个产业中有 41 个均在 90% 以上，只有石油和天然气的开采为 89.7%。可见对于大部分产业而言，一个刺激在经济系统中的影响有 90% 在 5 步以内，最多涉及 6 个产业。过长的通道对总体循环的影响非常小。对总循环度和纯间循环度及其圈长 5 以内的值以图表示，见图 5-7 和图 5-8。

从图 5-7 和图 5-8 可以看到，圈长越短，对总循环的贡献越大。一步的直接关联涵盖大部分的总循环，4 步、5 步的循环影响已经非常微弱。

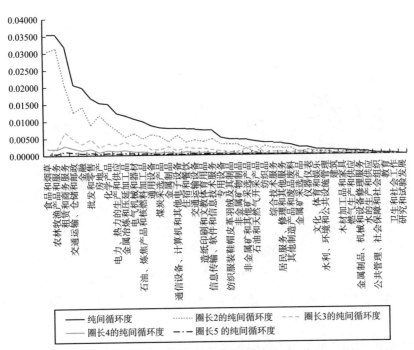

图 5-7 中国产业的纯间循环度

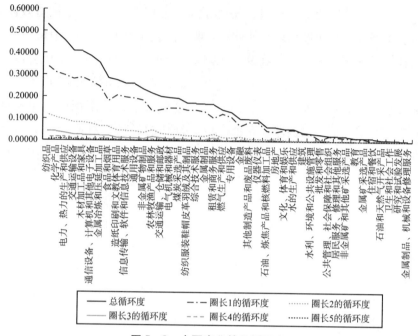

图 5-8　中国产业的总循环度

5.1.4　结论

产业循环关联是产业关联中的重要类型，其特点是其任意一产业的变动都会在相关产业间循环扩散。产业循环度描述了一个产业在循环过程中的全部拉（推）动力，根据作用范围可分为产业内循环度和产业间循环度，产业间循环度又包含涉及产业内循环的混间循环度和仅发生于多个产业之间的纯间循环度。计算产业循环度时，需要辨析其组成。

从计算结果看，产业内循环度占比普遍较大，远超过产业间循环度，但仅发生于产业内部，比较容易分析。产业间循环度，特别是纯间循环度，主要描述产业之间的关系，与产业圈度有相似性，不同之处在于由于纯间循环度增加了边的关联强度因素，更接近现实情况，但两者的计算结果仅在小范围内存在差异。

总的来说，产业总循环度、内循环度、纯间循环度以及产业圈度、

广义产业圈度等指标是对单个产业在循环结构中所起作用的不同侧面的
描述。产业圈度、广义产业圈度以及产业的纯间循环度都只是描述不同
产业之间的循环情况，没有涉及产业的内部循环。其中产业圈度只测度
产业圈的数量，广义产业圈度增加了每个圈的圈长以及不同类型闭通道
的影响，而循环度在此基础上增加了对每条边关联强度的区分。单从数
值上讲，它们依次更接近于现实情况，不过没有关联强度等的干扰，产
业圈度和广义产业圈度更能体现关联结构的特征。但产业的内部循环远
远超过产业之间的循环，上述指标并没有体现内部循环，而产业内循环
度是专门测度产业内循环度的指标，总循环度包含了内循环度和间循环
度。以表格来描述各个指标的异同，如表 5 - 3 所示。

表 5 - 3　　　　产业圈度、广义产业圈度、产业循环度的比较

		产业圈度		广义产业圈度		产业循环度			
		产业圈度	产业绝对圈度	广义产业圈度	广义产业绝对圈度	产业总循环度	内循环度	间循环度	
								混间循环度	纯间循环度
不同点	范围	仅多个产业间				产业内和产业间	单个产业内部	多产业间，涉及产业内	仅多个产业之间
	影响因素	产业圈的数量	增加圈长因素	限定圈长，扩至广义圈	增加圈长因素	在前面的基础上，增加边的关联强度			
相同点		描述产业循环关联							

从圈长对产业循环度的影响可以看出，5 步以内的循环基本上占了
总循环度的 90% 以上，可见，虽然理论上十多个、二十多个产业间可
以形成产业圈，但它们对现实的影响非常微弱。

当根据产业循环度做决策时，对不同循环度的产业应该采取不同措
施。如果其循环度主要源于内循环，如 7 号纺织业、木材加工及家具制
造业等，研究侧重点主要放在产业内部各子部门之间的循环；当纯间循
环度占较大比重时，如 34 号租赁和商务服务、29 号交通运输、仓储和

邮政等，更多考虑参与循环的多个产业之间的关系。

5.2　探索产业关键循环通道

在国内经济大循环为主体，实现国内国际双循环的大背景下，探寻国内产业之间的主要循环通道，在众多的产业关联中找出影响最大的循环通道——关键循环通道，分析其涉及的产业、起始产业及终点产业等非常必要。

循环通道是循环的基础，包含顶点产业和关联边。由于每个产业的生产都需要投入多个产业的产品，同时其产品又为多个产业提供中间投入，产业之间相互需求，这使得关联通道众多，从这么多的通道中找出影响大的循环通道成为重要而困难的事情。

在已有的研究中，通过找出显著产业关联，建立无权产业网络，在网络中挖掘循环通道的方法是一种研究方式，不过因为各条边的关联强度视为相同，这样所找到的通道仍然非常多，不能确定哪些是影响最大的通道。而实际上每条边的系数存在差异，所以构建产业网络赋权，从赋权网络中找出影响最大的通道是非常有必要的。

为了研究关键的循环通道，本书将构建赋权产业网络，设计从赋权产业网络中找出关联最强的关键循环通道的方法，并且应用到中国产业经济研究中，以 2020 年投入产出数据为基础，探寻、分析中国的关键循环通道。

5.2.1　基本概念

从第 2 章的研究我们知道，产业网络的构建是在众多关联中挖掘显著的产业关联，将它们组成产业网络。在每个产业网络中都会存在许多通道，每条通道涉及多个产业、关联边及边的关联强度。当一个通道上的所有边的关联系数都比较大时，经济刺激从进入通道，到流出通道，都会比较通畅，对通道上各个产业会有比较大的影响。

　　由于产业关联系数小于 1，刺激每经过一个产业到下一个时，影响都会减弱，如图 5 - 9 所示。所以当一个通道长度过长时，刺激经过这个通道后剩余的影响变得微乎其微，这时再研究这个通道就没有太大的意义。所以，虽然从原理上，产业循环可以一直进行，但从实际情况上讲，多次循环后的影响几乎可以不考虑。既然如此，在实际的经济运行中，结构是不是循环不再重要。一条直通道，只要达到一定的长度，其影响也会足够大，研究它仍然有意义；一条循环通道，当循环达到一定的次数，其影响几乎可以忽略，没有必要研究其后面的循环。这样一来，通道的长度就成为一个重要的界定指标。基于此，定义产业关键循环通道如下：

　　定义：产业关键循环通道，是指产业网络上一定长度的通道，通道上各个关联边的系数均比较大，使得当某刺激经过通道时，仍会对通道末端的产业产生重要的影响。换言之，产业关键循环通道，是产业网络上信息传输的关键通道。

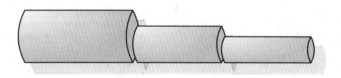

图 5 - 9　多部门关联示意图

5.2.2　产业关键循环通道的探寻方法

　　研究思路：在所有的产业关联中，根据关联系数，找最大的某个产业关联是容易的，但由于通道涉及多个产业的关联，找整体关联系数最大的通道就存在难度。另外，如果有确定的起点和终点，问题就变成最大流的研究，但这里事先并不知道哪个产业为起点，哪个为终点，需要在众多的通道中把影响最大的通道筛选出来。

　　不过产业网络有其自身特点，一方面产业网络中产业的数量是有限的，一般为 42 个、139 个或 149 个等，另一方面产业网络在构建过程中，为了找到显著关联，已将大部分关联系数小的边忽略，仅从显著关联中选取，这大大减少了基础数据，且对结果没有影响。基于此，本书拟采用遍历法，从显著关联中依次筛选。

首先构建显著赋权产业网络。可以先采用第 2 章的方法构建无权产业网络，然后对其赋权。对于无权产业网络中的边，以直接消耗系数赋权，当产业 i 和 j 之间存在边时，令其权重 w_{ij} 等于其直接消耗系数，得到赋权产业网络。如果将产业内部的循环也考虑进去，会更接近现实中经济的扩散方式；如果不考虑，则研究的重点是产业之间的关系，所以，本书在后面的应用部分分两种情况分别研究。

设赋权产业网络含 m 个顶点，系数矩阵为 W。从 5.1 节的计算我们知道，对于产业之间的循环，不考虑内循环时，通道长度在 5 以内的循环之和可以达到总量的 95% 以上；考虑内循环，基本可以达到 90%。从以往的研究来看，不仅中国 2020 年的投入产出数据如此，其他的数据也类似。因此，本书暂定研究 5 步以内的关键通道，根据计算得到的关键通道的总系数再调整。当所得通道的总系数远远小于产业网络中最小关联系数时，通道的意义不再明显，不进行研究。

因此，设关键通道长度为 k，$k = 2$，3，4，5。循环通道可能是圈也可能是路，所以包含产业的数目为 6 个以内。暂定从网络中找出总系数最大的前 30 条通道（数目可以根据需求调整）。以通道长度等于 5 为例，设计算法。

设五边通道上各条边的系数分别为 w_1，w_2，w_3，w_4，w_5，则通道的总系数 $w = w_1 \times w_2 \times w_3 \times w_4 \times w_5$。建一个容量为 30 的通道的集合 U。筛选关键通道的步骤如下：

步骤 1：对于集合 U，预先设置 30 个特别小的数值，找出其最小值 u_1。

步骤 2：对产业 v_i，根据系数矩阵 W，遍历所有的产业，找出产业 v_1、v_2、v_3、v_4 和 v_5，使 $w_{v_iv_1}$、$w_{v_1v_2}$、$w_{v_2v_3}$、$w_{v_3v_4}$、$w_{v_4v_5}$ 均不为 0。计算 $w = w_{v_iv_1} \times w_{v_1v_2} \times w_{v_2v_3} \times w_{v_3v_4} \times w_{v_4v_5}$。

步骤 3：判断 w 与 u_1 的大小，如果 $w < u_1$，返回步骤 2；否则，进入下一步。

步骤 4：对于集合 U，令 w 取代 u_1，并记录产业 v_1、v_2、v_3、v_4 和 v_5，返回步骤 2。

步骤 5：遍历产业网络中的所有产业 v_i，结束。

通过以上算法，最后在集合 U 中的 30 个值即为总系数最高的 30 个通道的总系数，通道中相应的产业为 v_i、v_1、v_2、v_3、v_4 和 v_5。根据总系数的大小排序，比较其最小值与产业网络系数 W 的最小值，确定所得到的通道是否纳入关键通道。当通道长度为 2、3、4 时，方法与上面相同，只是通道的总系数分别改为 2、3、4 个边的权重的乘积。

在以上算法中，计算范围从遍历所有的产业关联，减少到只遍历存在的关联边，大大减少了运算次数，节省了计算时间。

5.2.3　中国 2020 年的产业关键循环通道

根据上述方法，从考虑产业内部循环和不考虑产业内部循环两个角度，分别探索中国 2020 年的产业关键循环通道。

1. 不考虑产业内部循环

从 5.1 节的计算我们知道，从总循环上讲，产业内部循环从数值上占总循环较大的分量，但其关系简单。而不考虑产业循环挖掘循环通道时，可以更好地分析产业之间的关系。这时构建的产业网络的邻接矩阵与前几章的是一样的，包含 119 条边，每条边的系数为相应的直接消耗系数，最小值为 0.0071。

（1）不含内循环的两边关键循环通道。

如表 5 - 4 所示，前 30 个二边通道的总系数最大值是 0.1022，最小值是 0.0104，大于产业网络上边的系数的最小值，可见这些通道上的关联都比较强，研究它们比较有意义。

表 5-4　　　　　　不含内循环的两边关键通道总系数及产业

排位	总系数	起点产业	中间产业	终点产业	排位	总系数	起点产业	中间产业	终点产业
1	0.1022	1	6	30	16	0.0137	14	15	27
2	0.0604	1	7	8	17	0.0133	1	12	40
3	0.0339	12	7	8	18	0.0130	6	30	34
4	0.0281	6	1	6	19	0.0127	11	12	40
5	0.0281	1	6	1	20	0.0125	12	1	7
6	0.0244	4	14	15	21	0.0125	4	14	16
7	0.0234	12	1	6	22	0.0121	14	16	17
8	0.0192	28	6	30	23	0.0121	6	30	42
9	0.0162	4	14	19	24	0.0119	29	12	40
10	0.0162	28	12	40	25	0.0118	14	19	24
11	0.0157	3	11	29	26	0.0115	11	14	15
12	0.0156	24	14	15	27	0.0112	24	12	40
13	0.0155	22	14	15	28	0.0107	14	15	19
14	0.0150	6	1	7	29	0.0106	14	19	16
15	0.0150	14	15	16	30	0.0104	24	14	19

为了更直观地表达这些关键通道之间的关系，以图表示（见图 5-10）。为了将通道的总系数的大小在图中直观地表达出来，将总系数大的通道画到图的上方，依次向下排列。

从图 5-10 中可以看出，二边关键通道排序最高的这 30 条通道由 22 个产业组成，有多个产业和关联边在多条通道中出现，它们共同组成一个连通图。第一、二、三产业在这里都有体现，第一产业多处于始点，第三产业多处于终点。

1 号农林牧渔产品和服务与 6 号食品和烟草之间的相互高投入使得它们在多个通道中出现，再与 30 号住宿和餐饮关联使它们形成总系数最高的通道。图 5-10 中出现了 12 号化学产品和 14 号金属冶炼和压延加工品两个中心产业，形成星型子图，其周围更多的产业指向它们，为它们提供的投入。

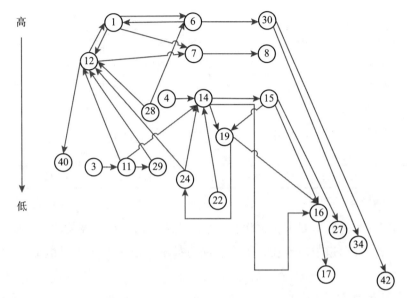

图 5 - 10　无内循环的两边产业关键通道

（2）不含内循环的三边关键循环通道。

由三条边组成的关键通道，每条通道涉及四个产业、三个关联边，这使得通道总系数减小很多，最大值为 0.00115，小于网络的最小关联边的系数 0.0071；排名 25 位的总系数仅为 0.0001，影响已经非常小，在表 5 - 5 中不再列出。具体系数及涉及的产业见表 5 - 5。

表 5 - 5　　　　不含内循环的三边关键通道总系数及产业

排位	总系数	起点	中点 1	中点 2	终点	排位	总系数	起点	中点 1	中点 2	终点
1	0.001151	29	28	6	30	7	0.000312	29	28	12	7
2	0.000970	29	28	12	40	8	0.000232	28	29	6	30
3	0.000455	28	6	12	40	9	0.000203	29	28	12	19
4	0.000351	28	29	12	40	10	0.000202	29	28	12	1
5	0.000338	29	28	12	10	11	0.000186	29	6	12	40
6	0.000317	29	28	6	1	12	0.000175	29	28	12	8

续表

排位	总系数	起点	中点1	中点2	终点	排位	总系数	起点	中点1	中点2	终点
13	0.000159	28	6	12	10	19	0.000123	28	29	12	10
14	0.000151	29	28	12	13	20	0.000121	28	29	28	40
15	0.000147	28	29	28	8	21	0.000119	29	28	12	18
16	0.000146	28	6	12	7	22	0.000116	29	28	12	27
17	0.000137	29	28	12	36	23	0.000116	28	29	28	6
18	0.000133	28	29	28	18	24	0.000113	28	29	12	7

　　三边关键通道要求相关联的四个产业之间都存在较高关联，这使得在二边关键通道中出现在许多产业和边都不再出现，整体仅由15个产业组成。特别是14号金属冶炼和压延加工品，在二边关键通道的图中曾经是星型子图的中心节点，在这里却已消失，可见其所在的关键通道链路比较短。在三边关键通道中，最突出的特点28号批发和零售和29号交通运输、仓储和邮政，这两个产业几乎遍布所有的前30个关键通道中。对三边关键通道以图表示（见图5-11）。

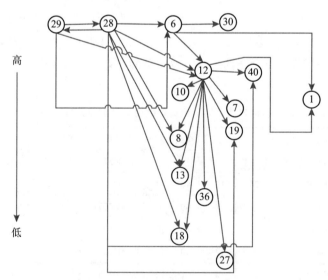

图5-11　无内循环的三边关键通道

由图 5－11 可看到，三边关键通道的前 25 位涉及的产业更少，12 号化学产品成为更明显的中心产业。在许多通道中包含 28 号、29 号，再通过 12 号把作用传递出去，28 号、29 号和 6 号成为 12 号的上游产业，而其他的 1 号、40 号、10 号、7 号、19 号、8 号、13 号、36 号、18 号、27 号等都成为 12 号的直接下游产业。

四边关键通道最大值仅为 0.000034，这里不再对其详细分析。

2. 考虑产业内部的循环关键通道

由 5.1 节的计算知道，产业内部循环从数值上占总循环较大的比重，研究产业内循环时的关键通道时，内部循环比较大的产业可能会比较突出。

首先建立涵盖内部循环的赋权产业网络，这时的产业网络与前面相比，增加了几条对角线上的环，构建方法同于前面。产业网络中非对角线的元素仍为 119 条边，对角线上高于最小系数的元素有 24 个，总共 143 条边，每条边的系数为相应的直接消耗系数，最小值为 0.0071。

（1）含内循环的两边关键循环通道。

如表 5－6 所示，前 30 个二边关键通道的总系数最大值是 0.1139，最小值 0.02147，大于产业网络上的最小系数，远远大于相应的不含内循环的关键通道的值。

表 5－6　　含内循环的前 30 条两边关键通道总系数及产业

排位	总系数	起点	中间点	终点	排位	总系数	起点	中间点	终点
1	0.11139	7	7	8	7	0.06045	1	7	8
2	0.10223	1	6	30	8	0.05332	6	6	30
3	0.10040	12	12	40	9	0.04883	14	14	19
4	0.07341	14	14	15	10	0.04678	1	1	6
5	0.06349	1	7	7	11	0.04560	7	8	8
6	0.06304	1	6	6	12	0.03937	14	15	15

续表

排位	总系数	起点	中间点	终点	排位	总系数	起点	中间点	终点
13	0.03742	14	14	16	22	0.02813	1	6	1
14	0.03600	2	24	24	23	0.02813	6	1	6
15	0.03562	12	7	7	24	0.02497	1	1	7
16	0.03503	12	12	10	25	0.02485	14	14	27
17	0.03391	12	7	8	26	0.02443	4	14	15
18	0.03228	12	12	7	27	0.02341	12	1	6
19	0.02947	14	19	19	28	0.02335	12	10	10
20	0.02929	14	16	16	29	0.02263	14	14	17
21	0.02918	13	13	27	30	0.02147	14	18	18

图 5-12 直观地表达了上述通道，仍将总系数大的通道画到图的上方，依次向下排列。从图 5-12 中可以看出，排位最高的 30 条二边通道由 20 个产业组成，整个图不连通，由三部分组成。20 个产业中，包

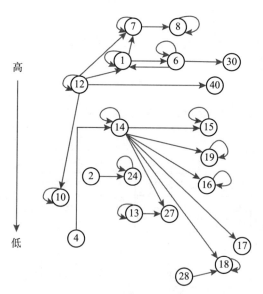

图 5-12　含内循环的二边关键循环通道

含内循环的有 13 个，不含内循环的仅有 7 个。不同于前面的所有研究，7 号纺织品以最高的内循环以及它与 8 号纺织服装鞋帽皮革羽绒及其制品的高投入，使得它们位居第一。第一产业的 1 号农林牧渔产品和服务、2 号煤炭采选产品和 4 号金属矿采选产品在这里都出现。图中出现一个星型子图，中心节点是 14 号金属冶炼和压延加工品业。

（2）含内循环的三边关键循环通道。

三边组成的关键通道，总系数比二边通道减小很多，但仍然明显大于不含内循环的通道。通道系数最高值为 0.03112，大于网络最小系数边的通道有 9 条。第 30 位的系数是 0.00353，也可达到网络最小值的一半。整体来看，个别产业的影响特别大，12 号化学产品业和 6 号食品和烟草，它们几乎出现在所有的通道上。具体系数见表 5 - 7。

表 5 - 7　　　　含内循环的三边关键通道总系数及产业

排位	总系数	起点	中间点 1	中间点 2	终点	排位	总系数	起点	中间点 1	中间点 2	终点
1	0.03112	12	12	12	40	16	0.00510	6	6	1	6
2	0.02979	12	12	12	12	17	0.00510	1	6	6	1
3	0.01854	1	6	6	30	18	0.00501	28	12	12	40
4	0.01143	1	6	6	6	19	0.00485	12	12	12	13
5	0.01086	12	12	12	10	20	0.00480	28	12	12	12
6	0.01001	12	12	12	7	21	0.00439	12	12	12	36
7	0.00978	1	6	1	6	22	0.00424	12	1	6	6
8	0.00967	6	6	6	30	23	0.00412	1	12	12	40
9	0.00726	12	12	1	6	24	0.00394	1	12	12	12
10	0.00688	12	1	6	30	25	0.00387	12	12	12	7
11	0.00652	12	12	12	19	26	0.00383	12	12	12	18
12	0.00647	12	12	12	1	27	0.00379	1	6	1	1
13	0.00596	6	6	6	6	28	0.00371	12	12	12	27
14	0.00562	12	12	12	8	29	0.00368	29	12	12	40
15	0.00522	1	6	1	7	30	0.00353	29	12	12	12

含内循环的关键循环通道的示意见图 5 - 13。12 号化学产品既有高的内循环，又存在较高的产业间关联，成为星型子图的中心产业。与二边关键通道比，含内循环的产业在这里大大减少，主要发生于 12 号和 6 号产业。

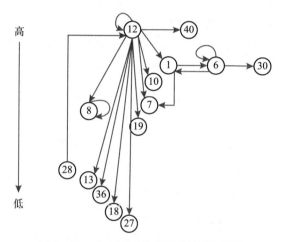

图 5 - 13   含内循环的三边关键循环通道

（3）含内循环的四边关键通道。

由于内循环的影响，四边通道的系数仍有两条大于产业网络边的最小系数。整体来看，前 30 个关键通道形成的图与三边关联通道非常类似，12 号的影响更大，这里不再详述，将其前 30 位的关键通道的图画出，见图 5 - 14。

5.2.4   结论

产业关键循环通道是产业之间信息传输的关键通道，由于过滤作用，当刺激在网络中扩散时，真正能够波及的产业并不多，所以太长的通道没有太大意义。从计算结果看，通道总系数能够大于显著关联的最小系数的通道，最多能达到四步，涉及五个产业。

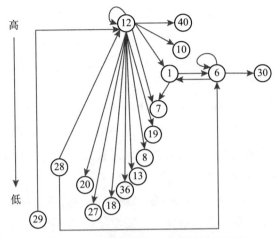

图 5 – 14　含内循环的四边关键循环通道

由于产业内循环的数量比较大，其对关键循环通道的影响也非常大。含产业内循环的通道更符合实际情况，不含产业内循环的通道更可以表达多个产业部门之间的关系，所以两方面的研究都很重要。

从总体来看，无论含或不含内循环，二边通道都比三边通道涉及更多的产业。当通道达到四边或者更长时，关键循环通道会受个别产业的影响特别大。特别是 12 号化学产品，其在三边或更长的关键通道中都处于非常核心的地位，这一方面由于其内部循环大，另一方面由于它与其他产业之间有较高的投入。

从整体网络中挖掘关键循环通道的方法，不仅适用于产业网络，也适用于其他有相似特征的网络。

5.3　本章小结

本章首先根据赋权产业网络，提出产业循环度的概念。产业循环度是在圈度的基础上，增加了每条边的关联强弱信息，定量描述一个产业由于关联而形成的对自身的全部拉（推）动力之和。产业循环度的概念不仅考虑了圈长、每条边的系数，还考虑了产业内部可能存在的循环。产业循环度又可分为总产业循环度、产业内部的循环度以及产业的间循环度，产业的间循环度又分为涉及产业内循环的混间循环度和仅发生于多个产业之间的纯间循环度。

产业关键循环通道同样需要基于赋权产业网络进行研究。当网络中一条通道上所有边的关联系数都较大时，信息从进入通道到流出通道会比较通畅，对通道上各个产业的影响也比较大，成为关键循环通道。由于信息漏失必定存在，较长的关键通道的总系数非常小，研究意义不大。产业网络上关联众多，从中找出影响最大的关键循环通道并不容易。本书在赋权产业网络的基础上，研究了探寻产业关键循环通道的方法，并根据是否考虑产业内部循环进行了分类。计算实例表明，当通道的长度达到四条边及以上时，影响非常微弱。

第6章 结论与展望

6.1 结 论

本书围绕产业网络、产业循环以无权和赋权两类产业网络为工具展开研究。产业循环关联是形成区域竞争力的重要因素，存在于产业网络的产业循环结构之中，而以产业圈度、广义产业圈度、产业循环度等为主的一系列指标可以描述单个产业在循环中的地位和作用。循环结构是产业网络的子结构，其内部各个产业之间存在相互可达的通道。循环核、关键循环通道等是产业循环结构中描述多个产业之间紧密关系的重要模型。一般来说，圈度越高的产业对其他产业的循环影响越大；循环核等级越高，越是循环结构的中心。具体来说我们可以得出以下结论。

6.1.1 各类指标和概念模型

1. 从循环视角描述单个产业重要性的指标

产业圈是循环结构中的基础单元，一个产业圈内的产业经过圈内其他产业后一定可以返回自身。产业圈度是经过一个产业的产业圈的数量。以产业圈度为基础，又可以扩展出产业绝对圈度、循环结构的圈度、产业圈度百分比、循环中心性系数等多个指标。广义产业圈度描述了在实际循环过程中经过一个产业的实际循环通道的数量，每循环一次就计入一次。相比于产业圈，广义产业圈增加了对圈长及多种类型闭通道的考虑，不规定圈内各个产业相同与否，更接近于现实情况。由于循环的无限性，只有限定了广义产业圈的圈长才有意义。从计算结果看，广义产业圈度更多地描述了一种趋势，产业循环到一定阶段各个产业在循环中的地位不会再改变。

产业循环度在广义产业圈度的基础上，又增加了边的关联强弱的信息，可分为总的循环度、产业内循环度以及产业之间的纯间循环度和混间循环度。信息越充分，得出的结果越接近现实情况。

总的来说，作为结构指标，它们分别从不同侧面描述了产业经济循环。产业圈度、广义产业圈度以及产业的纯间循环度都只是描述不同产业之间的循环情况，没有涉及产业的内部循环。其中产业圈度只测度产业圈的数量，广义产业圈度增加了每个圈的圈长及不同类型闭通道的影响，而循环度在此基础上增加了对每条边关联强度的区分。单从数值上讲，它们依次更接近现实情况。不过没有关联强度等的干扰，产业圈度等更能表现关联结构的特征。产业的内部循环远远超过产业之间的循环，上述指标并没有体现内部循环，产业内循环度是专门测度产业内循环的指标，总循环度中包含了内循环度和间循环度。

2. 描述多个产业之间关系紧密程度的模型

循环核是描述循环结构内部的产业关联紧密程度的模型。当多个产业之间关联紧密，具有同样的循环属性，并且对其周围产业的循环具有重要的影响时，它们形成循环核。一个循环结构可能存在多个等级的循环核，最高级的循环核是整个循环结构的中心，结构内其他的产业围绕着它呈现出一种由紧密到疏松的关系。二级循环核是剔除最高级循环核之后的循环结构的中心，依次向下。

产业关键循环通道是产业之间信息传输的关键通道，需要结合产业之间的关联大小，基于赋权产业网络进行研究。当几个产业之间的信息传输量在整个产业网络中最大时，形成关键循环通道。由于信息一定会逐层漏失，到达一定长度的通道实际意义不大，所以需要根据实际情况限定通道的长度。

6.1.2　中国 2020 年产业循环结构的各类指标和模型

将以上的指标和模型应用于中国 2020 年的产业网络，我们可以得到：

（1）中国 2020 年的产业循环结构在产业网络中起到至关重要的作用。其中，循环结构包含的第一、二、三产业的数目分别为 1 个、10 个和 7 个，第二产业在循环结构中数量最多，可见第二产业仍为循环结构的主体，但第三产业的重要性较过去有很大提升。

（2）从单个产业的重要性上看，各个指标的结果存在很大差别，主要原因是计算时是否考虑产业的内部循环。依据计算结果对产业进行分类，可分为以下几种情况：

当完全不考虑产业内部的循环时，这时研究的关注点是产业之间的关系。此时产业圈度、广义产业圈度及纯循环度的计算结果虽有差别，但差距不大。从计算结果看，表现突出的是第三产业的 34 号租赁和商务服务、29 号交通运输、仓储和邮政、28 号批发和零售与 32 号金融，这与往年的计算结果出现明显的不同。

当既考虑产业内循环又考虑产业间循环时，产业内循环所占的比重非常高，远远超过产业之间的循环，这时的主要指标是总循环度。从其计算结果看，表现突出的产业有如下几类：

第一类是产业的内循环度特别突出，纯粹存在于产业之间的循环度非常小，突出代表是 7 号纺织品和 9 号木材加工品和家具。它们总循环度比较高，但主要发生于产业内部，而与其他产业之间关联并不密切，所以它们产业之间的纯间循环度非常小。

第二类是产业内循环度和产业间循环度都比较突出的产业，这类产业主要集中于第二产业，如 12 号化学产品、24 号电力、热力的生产和供应，18 号交通运输设备，20 号通信设备、计算机和其他电子设备以及 14 号金属冶炼和压延加工品等。研究这类产业既需要考虑其内部子产业之间的循环，又需要考虑它们与其他产业之间的关系。

其中 6 号食品和烟草和 1 号农林牧渔产品和服务又有自身特点，它们之间的关系特别紧密，1 号对 6 号的投入系数在整个网络中最大，这使得它们的产业纯间循环度位居第一和第二，但它们与其他产业的关联并没那么突出，所以圈度没有那么突出。

第三类是产业内循环度不突出，产业纯间循环度起主要作用，与前面完全不考虑产业内部的循环仅考虑产业之间的循环有相似性。

（3）从循环结构内部的产业之间关系的紧密程度上看，中国循环结构的循环核有四个等级，一级是整个循环结构的中心，包含三个部门，都源于第三产业，分别是 28 号批发和零售，29 号交通运输、仓储和邮政和 34 号租赁和商务服务，它们本身关系紧密，相互直接可达，成为整个循环结构的中心。二级包含两个部门，源于第二产业，是 16 号通用设备和 19 号电气机械和器材，多个第二产业中的部门围绕在它们，形成一个局域中心。三级包含了两个循环核，1 号农林牧渔产品和服务自身组成一个，32 号金融和 33 号房地产组成一个，四级包含两个部门，20 号通信设备、计算机和其他电子设备和 31 号信息传输、软件和信息技术服务，它们影响范围小，又分布在一级和二级循环核的圈层上。

（4）从产业扩散的关键循环通道看，又可以根据是否涵盖产业内部的循环分为两类，每一类型中不同长度的通道又表现出自己的特点。

①不含产业内部循环的关键通道。

在二边关键循环通道中，1 号农林牧渔产品和服务与 6 号食品和烟草之间的相互高投入使它们在多个通道中出现，它们与 30 号住宿和餐饮关联到一起形成总系数最高的通道。12 号化学产品和 14 号金属冶炼和压延加工品存在于多条关键循环通道，成为两个中心产业，形成星型子图。

三边关键通道要求相关联的四个产业之间都存在较高的关联系数，这使得在二边关键通道中出现在许多产业和边都不再出现，并且通道总系数下降很多。14 号金属冶炼和压延加工品在二边通道中曾经是星型子图的中心节点，在这里已经消失。在这里，最突出的 28 号批发和零售和 29 号交通运输、仓储和邮政，它们遍布于多个关键通道中。12 号化学产品成为更明显的中心产业，1 号、40 号、10 号、7 号、19 号、8 号、13 号、36 号、18 号、27 号等都成为 12 号的直接下游产业。

②包含产业内部循环的关键通道。

在含内循环的二边关键循环通道中，由于产业内循环作用突出，涉及的 20 个产业中包含内循环的有 13 个，整体没有形成连通图。7 号纺织品以最高的内循环以及它对 8 号纺织服装鞋帽皮革羽绒及其制品的高投入，总系数位居第一。第一产业的 1 号农林牧渔产品和服务、2 号煤炭采选产品和 4 号金属矿采选产品都在这里出现。

含内循环的三边关键循环通道总系数明显大于不含内循环的通道。12 号化学产品业和 6 号食品和烟草的表现突出，出现在很多通道上。

不同于不含产业内循环的情况，这里四边关联循环通道仍具有明显影响，不过从整体组成看来，与三边关联通道有较大的相似性。

6.2　研究展望

由于产业关联内涵丰富，产业网络关系结构复杂，对它的研究和分析尚处于初级阶段，仍有许多问题有待于进一步的研究。

6.2.1　产业网络中关联边的各类属性研究

产业网络包含产业和关联边，其中关联边表示产业之间的关联，其存在与否不仅影响着与其关联的两个产业之间的关系，还影响着产业网络的整体结构特征。有时一条关联边的改变可以使产业网络中的循环结构消失。如图 6 - 1（a）所示，循环结构包含三个产业圈，但如果关联边 $v_3 \rightarrow v_1$ 消失，如图 6 - 1（b）所示，产业网络中不再包含循环结构，经济系统中不再存在显著的经济循环。可见，关联边对产业网络的关联结构具有重要影响。

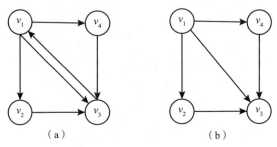

图 6-1　循环结构及关键边

　　在已有的对产业网络关联边的研究中，大部分研究侧重于关联边对两个顶点部门的影响，当两个产业之间的关联强度超过阈值，则存在关联边；否则不存在。目前很少有学者研究关联边对整个产业网络的循环水平的影响。

　　如果一条关联边属于产业网络的循环结构，则必然存在过这条关联边的产业圈，产业圈的数量反映了这条关联边对产业网络循环水平的影响程度。过一条关联边的产业圈越多，则其对产业网络的循环水平影响越大。测度每条关联边对循环水平的影响，可以预测某产业政策致使某条关联边的消失时，对整个产业网络循环水平的影响。比如，如果发电以煤炭为主，那么电力和煤炭之间存在关联边。如果加大新能源的应用，限制电力业对煤炭的使用，致使电力业与煤炭业之间的关联边消失，这时研究电力和煤炭业之间关联边的循环特性可以预测此政策对经济循环的影响。

6.2.2　识别较优可行潜在关联边的研究

　　社会的发展和变动还可能致使不存在关联的两个产业之间出现关联边，这条关联边的出现可能会影响社会经济。如果目前两个产业之间不存在关联边，一旦突发原因使其出现而改变整体网络的关联结构，则视其为潜在关联边。仍以发电为例，假如一个国家或地区突然发现大量的天然气，使用天然气发电，那么电力业与天然气业之间会存在关联边；与天然气相关的产业以及原本与电力关联密切的煤炭业都会受到影响。识别潜在关联边，测度其对整体循环水平的影响，对于影响较大并且可行的关联边，采取一定措施引导它们成为现实，则可以改变产业网络、优化产业关联结构。

6.2.3 各类指标和模型在实践问题中的应用研究

结构作为一种资源，体现了不同区域的竞争优势。在现有结构分析的基础上，利用已有指标，可为现实问题找到具体的解决方案。比如针对区域竞争力的问题，根据已有的结构特征，可以分析做哪些方面的调整实现增强自己的竞争优势等，这些问题有待进一步的深入研究。

中国 2020 年产业直接消耗系数表

附表 A1

产业编号	1	2	3	4	5	6	7	8	9	10	11	12	13	14
1	0.1345	0.0009	0.0000	0.0001	0.0001	0.3477	0.1856	0.0177	0.1000	0.0505	0.0000	0.0410	0.0003	0.0000
2	0.0005	0.1499	0.0006	0.0035	0.0118	0.0017	0.0036	0.0011	0.0011	0.0076	0.0463	0.0150	0.0463	0.0193
3	0.0000	0.0001	0.0014	0.0001	0.0002	0.0000	0.0000	0.0000	0.0000	0.0001	0.1958	0.0088	0.0014	0.0007
4	0.0000	0.0000	0.0000	0.0109	0.0000	0.0000	0.0000	0.0000	0.0000	0.0000	0.0007	0.0023	0.0019	0.0822
5	0.0000	0.0060	0.1575	0.0033	0.0148	0.0004	0.0000	0.0000	0.0000	0.0008	0.0001	0.0052	0.0633	0.0004
6	0.0809	0.0018	0.0007	0.0049	0.0041	0.1813	0.0024	0.0339	0.0047	0.0041	0.0080	0.0215	0.0024	0.0066
7	0.0000	0.0004	0.0001	0.0002	0.0019	0.0004	0.3420	0.3257	0.0120	0.0234	0.0002	0.0043	0.0003	0.0001
8	0.0002	0.0062	0.0015	0.0017	0.0031	0.0025	0.0059	0.1400	0.0169	0.0067	0.0020	0.0030	0.0052	0.0008

续表

产业编号	1	2	3	4	5	6	7	8	9	10	11	12	13	14
9	0.0002	0.0151	0.0015	0.0018	0.0006	0.0007	0.0012	0.0012	0.2874	0.0169	0.0005	0.0014	0.0027	0.0002
10	0.0008	0.0001	0.0001	0.0011	0.0020	0.0103	0.0035	0.0056	0.0093	0.2067	0.0009	0.0067	0.0119	0.0003
11	0.0037	0.0030	0.0010	0.0331	0.0475	0.0008	0.0013	0.0016	0.0038	0.0016	0.0465	0.0392	0.0263	0.0386
12	0.0673	0.0139	0.0321	0.0376	0.0773	0.0132	0.1041	0.0584	0.0716	0.1130	0.0333	0.3100	0.0505	0.0112
13	0.0004	0.0027	0.0004	0.0027	0.0185	0.0039	0.0010	0.0005	0.0069	0.0017	0.0066	0.0053	0.1841	0.0124
14	0.0002	0.0254	0.0095	0.0046	0.0147	0.0003	0.0010	0.0006	0.0118	0.0429	0.0004	0.0079	0.0281	0.2471
15	0.0006	0.0289	0.0004	0.0197	0.0248	0.0028	0.0025	0.0030	0.0220	0.0083	0.0009	0.0062	0.0230	0.0017
16	0.0006	0.0119	0.0064	0.0137	0.0107	0.0011	0.0033	0.0014	0.0047	0.0026	0.0059	0.0039	0.0151	0.0070
17	0.0071	0.0185	0.0264	0.0228	0.0456	0.0004	0.0016	0.0014	0.0030	0.0044	0.0020	0.0031	0.0044	0.0072
18	0.0023	0.0014	0.0002	0.0044	0.0071	0.0002	0.0003	0.0005	0.0007	0.0005	0.0001	0.0005	0.0033	0.0002
19	0.0001	0.0037	0.0009	0.0035	0.0066	0.0005	0.0008	0.0004	0.0010	0.0031	0.0004	0.0013	0.0019	0.0007
20	0.0002	0.0013	0.0001	0.0001	0.0005	0.0004	0.0003	0.0003	0.0003	0.0026	0.0003	0.0013	0.0008	0.0006
21	0.0000	0.0002	0.0061	0.0006	0.0029	0.0001	0.0000	0.0004	0.0000	0.0001	0.0020	0.0003	0.0006	0.0002
22	0.0000	0.0012	0.0007	0.0006	0.0011	0.0004	0.0004	0.0027	0.0006	0.0270	0.0008	0.0028	0.0028	0.0522
23	0.0001	0.0005	0.0007	0.0008	0.0006	0.0002	0.0001	0.0002	0.0003	0.0004	0.0005	0.0005	0.0019	0.0004
24	0.0080	0.0361	0.0355	0.0732	0.0676	0.0067	0.0165	0.0078	0.0196	0.0174	0.0218	0.0346	0.0498	0.0525
25	0.0001	0.0001	0.0002	0.0000	0.0008	0.0004	0.0002	0.0003	0.0001	0.0010	0.0020	0.0013	0.0003	0.0003

续表

产业编号	1	2	3	4	5	6	7	8	9	10	11	12	13	14
26	0.0000	0.0002	0.0006	0.0002	0.0006	0.0009	0.0003	0.0004	0.0004	0.0008	0.0004	0.0006	0.0007	0.0004
27	0.0006	0.0006	0.0003	0.0002	0.0002	0.0002	0.0003	0.0003	0.0005	0.0002	0.0001	0.0003	0.0002	0.0001
28	0.0244	0.0257	0.0072	0.0188	0.0277	0.0653	0.0485	0.0827	0.0902	0.0648	0.0266	0.0499	0.0506	0.0261
29	0.0189	0.0232	0.0061	0.0160	0.0228	0.0267	0.0349	0.0456	0.0335	0.0275	0.0273	0.0367	0.0343	0.0273
30	0.0016	0.0031	0.0016	0.0041	0.0042	0.0038	0.0026	0.0032	0.0040	0.0042	0.0019	0.0055	0.0052	0.0026
31	0.0018	0.0014	0.0012	0.0035	0.0031	0.0024	0.0027	0.0047	0.0026	0.0050	0.0007	0.0038	0.0026	0.0012
32	0.0118	0.0481	0.0326	0.0238	0.0272	0.0051	0.0104	0.0059	0.0093	0.0147	0.0132	0.0157	0.0194	0.0273
33	0.0000	0.0007	0.0003	0.0000	0.0004	0.0003	0.0003	0.0005	0.0009	0.0004	0.0000	0.0004	0.0004	0.0000
34	0.0023	0.0332	0.0144	0.0197	0.0222	0.0220	0.0080	0.0249	0.0113	0.0221	0.0125	0.0235	0.0161	0.0058
35	0.0000	0.0000	0.0000	0.0000	0.0000	0.0000	0.0000	0.0000	0.0000	0.0000	0.0000	0.0000	0.0000	0.0000
36	0.0061	0.0087	0.0041	0.0094	0.0130	0.0013	0.0010	0.0030	0.0036	0.0031	0.0006	0.0069	0.0038	0.0027
37	0.0014	0.0004	0.0004	0.0011	0.0020	0.0004	0.0017	0.0004	0.0005	0.0019	0.0006	0.0006	0.0006	0.0007
38	0.0009	0.0067	0.0015	0.0009	0.0025	0.0014	0.0017	0.0016	0.0028	0.0028	0.0017	0.0029	0.0029	0.0013
39	0.0001	0.0004	0.0001	0.0001	0.0001	0.0001	0.0001	0.0002	0.0002	0.0001	0.0001	0.0002	0.0002	0.0001
40	0.0001	0.0006	0.0001	0.0004	0.0005	0.0001	0.0001	0.0002	0.0002	0.0002	0.0020	0.0001	0.0003	0.0003
41	0.0001	0.0011	0.0011	0.0010	0.0007	0.0007	0.0011	0.0011	0.0010	0.0007	0.0007	0.0011	0.0012	0.0007
42	0.0003	0.0003	0.0002	0.0003	0.0003	0.0002	0.0004	0.0003	0.0003	0.0003	0.0002	0.0004	0.0006	0.0002

续表

产业编号	15	16	17	18	19	20	21	22	23	24	25	26	27	28
1	0.0002	0.0000	0.0002	0.0000	0.0001	0.0000	0.0000	0.0240	0.0000	0.0001	0.0000	0.0000	0.0065	0.0000
2	0.0010	0.0007	0.0007	0.0001	0.0003	0.0000	0.0002	0.0008	0.0029	0.1212	0.0290	0.0000	0.0003	0.0000
3	0.0009	0.0008	0.0007	0.0005	0.0001	0.0000	0.0000	0.0000	0.0000	0.0014	0.1812	0.0000	0.0000	0.0000
4	0.0054	0.0000	0.0000	0.0000	0.0000	0.0000	0.0000	0.0001	0.0000	0.0000	0.0000	0.0000	0.0000	0.0000
5	0.0003	0.0001	0.0003	0.0002	0.0005	0.0001	0.0000	0.0001	0.0011	0.0005	0.0000	0.0000	0.0079	0.0000
6	0.0055	0.0083	0.0063	0.0039	0.0065	0.0061	0.0067	0.0041	0.0014	0.0072	0.0066	0.0106	0.0020	0.0015
7	0.0019	0.0006	0.0008	0.0011	0.0011	0.0004	0.0019	0.0226	0.0027	0.0000	0.0000	0.0002	0.0000	0.0003
8	0.0020	0.0030	0.0040	0.0068	0.0032	0.0018	0.0042	0.0046	0.0084	0.0012	0.0042	0.0094	0.0016	0.0019
9	0.0092	0.0017	0.0016	0.0074	0.0015	0.0008	0.0018	0.0085	0.0030	0.0003	0.0000	0.0001	0.0198	0.0003
10	0.0036	0.0035	0.0046	0.0022	0.0077	0.0042	0.0043	0.0054	0.0006	0.0007	0.0002	0.0005	0.0018	0.0058
11	0.0059	0.0036	0.0024	0.0014	0.0016	0.0007	0.0027	0.0038	0.0123	0.0144	0.0155	0.0009	0.0128	0.0022
12	0.0302	0.0220	0.0289	0.0399	0.0678	0.0237	0.0177	0.0508	0.0176	0.0004	0.0010	0.0755	0.0386	0.0018
13	0.0128	0.0051	0.0098	0.0117	0.0267	0.0122	0.0263	0.0024	0.0048	0.0028	0.0001	0.0006	0.1585	0.0001
14	0.2971	0.1515	0.0916	0.0764	0.1976	0.0271	0.0446	0.0282	0.1008	0.0004	0.0014	0.0019	0.1006	0.0000
15	0.1325	0.0503	0.0408	0.0217	0.0359	0.0124	0.0313	0.0091	0.0581	0.0004	0.0005	0.0207	0.0461	0.0002
16	0.0248	0.1934	0.0801	0.0311	0.0324	0.0052	0.0249	0.0046	0.0571	0.0036	0.0018	0.0025	0.0071	0.0002
17	0.0071	0.0067	0.1085	0.0056	0.0056	0.0159	0.0113	0.0008	0.0260	0.0002	0.0001	0.0025	0.0060	0.0000

续表

产业编号	15	16	17	18	19	20	21	22	23	24	25	26	27	28
18	0.0013	0.0178	0.0262	0.2809	0.0025	0.0005	0.0042	0.0004	0.1159	0.0001	0.0002	0.0003	0.0009	0.0001
19	0.0022	0.0534	0.0397	0.0289	0.1491	0.0393	0.0461	0.0036	0.0701	0.0596	0.0010	0.0019	0.0323	0.0095
20	0.0015	0.0333	0.0521	0.0194	0.0455	0.2689	0.1413	0.0059	0.0446	0.0022	0.0006	0.0011	0.0035	0.0054
21	0.0002	0.0034	0.0062	0.0034	0.0054	0.0022	0.0844	0.0010	0.0024	0.0187	0.0013	0.0016	0.0009	0.0000
22	0.0158	0.0007	0.0004	0.0010	0.0009	0.0009	0.0004	0.0854	0.0027	0.0010	0.0005	0.0004	0.0006	0.0000
23	0.0003	0.0009	0.0017	0.0006	0.0004	0.0003	0.0003	0.0003	0.0008	0.0043	0.0014	0.0018	0.0008	0.0000
24	0.0455	0.0170	0.0150	0.0086	0.0119	0.0094	0.0127	0.0104	0.0259	0.2969	0.0245	0.1273	0.0146	0.0084
25	0.0008	0.0003	0.0008	0.0003	0.0004	0.0001	0.0001	0.0019	0.0074	0.0029	0.1229	0.0000	0.0000	0.0001
26	0.0003	0.0006	0.0005	0.0003	0.0006	0.0004	0.0007	0.0011	0.0011	0.0018	0.0005	0.0515	0.0010	0.0004
27	0.0002	0.0006	0.0003	0.0002	0.0003	0.0006	0.0003	0.0005	0.0011	0.0038	0.0004	0.0019	0.0359	0.0010
28	0.0427	0.0520	0.0506	0.0750	0.0612	0.0501	0.0491	0.0198	0.0563	0.0221	0.0283	0.0139	0.0500	0.0075
29	0.0287	0.0307	0.0358	0.0336	0.0314	0.0144	0.0250	0.0130	0.0265	0.0181	0.0207	0.0097	0.0267	0.0600
30	0.0053	0.0048	0.0084	0.0040	0.0051	0.0032	0.0082	0.0021	0.0106	0.0027	0.0026	0.0046	0.0049	0.0044
31	0.0032	0.0060	0.0054	0.0035	0.0055	0.0238	0.0071	0.0011	0.0063	0.0067	0.0047	0.0089	0.0138	0.0074
32	0.0183	0.0136	0.0197	0.0085	0.0139	0.0159	0.0159	0.0110	0.0136	0.0438	0.0362	0.0573	0.0364	0.0443
33	0.0005	0.0007	0.0006	0.0005	0.0007	0.0005	0.0012	0.0003	0.0131	0.0002	0.0008	0.0014	0.0002	0.0731
34	0.0151	0.0206	0.0248	0.0212	0.0181	0.0161	0.0136	0.0082	0.0223	0.0064	0.0215	0.0120	0.0183	0.1038

续表

产业编号	15	16	17	18	19	20	21	22	23	24	25	26	27	28
35	0.0000	0.0000	0.0000	0.0000	0.0000	0.0000	0.0000	0.0000	0.0000	0.0000	0.0000	0.0000	0.0000	0.0000
36	0.0045	0.0047	0.0102	0.0109	0.0051	0.0086	0.0084	0.0010	0.0044	0.0052	0.0001	0.0011	0.0842	0.0075
37	0.0004	0.0006	0.0009	0.0005	0.0005	0.0003	0.0006	0.0006	0.0018	0.0030	0.0003	0.0544	0.0004	0.0014
38	0.0036	0.0041	0.0037	0.0048	0.0038	0.0026	0.0034	0.0018	0.0048	0.0034	0.0030	0.0093	0.0065	0.0073
39	0.0002	0.0003	0.0003	0.0002	0.0001	0.0001	0.0003	0.0001	0.0010	0.0000	0.0003	0.0006	0.0003	0.0010
40	0.0005	0.0008	0.0007	0.0004	0.0004	0.0001	0.0004	0.0001	0.0003	0.0005	0.0005	0.0000	0.0004	0.0003
41	0.0008	0.0018	0.0013	0.0018	0.0011	0.0009	0.0008	0.0006	0.0016	0.0014	0.0011	0.0030	0.0010	0.0011
42	0.0004	0.0004	0.0005	0.0003	0.0002	0.0002	0.0002	0.0008	0.0010	0.0003	0.0003	0.0009	0.0002	0.0002

产业编号	29	30	31	32	33	34	35	36	37	38	39	40	41	42
1	0.0001	0.1246	0.0005	0.0001	0.0003	0.0076	0.0183	0.0022	0.0841	0.0075	0.0011	0.0012	0.0031	0.0000
2	0.0001	0.0001	0.0000	0.0000	0.0001	0.0000	0.0010	0.0003	0.0007	0.0011	0.0011	0.0007	0.0003	0.0007
3	0.0000	0.0000	0.0000	0.0000	0.0000	0.0000	0.0000	0.0000	0.0000	0.0000	0.0000	0.0001	0.0000	0.0000
4	0.0000	0.0000	0.0000	0.0000	0.0000	0.0000	0.0010	0.0000	0.0000	0.0000	0.0000	0.0000	0.0000	0.0000
5	0.0001	0.0000	0.0000	0.0000	0.0000	0.0000	0.0001	0.0000	0.0001	0.0000	0.0000	0.0000	0.0000	0.0000
6	0.0064	0.2940	0.0058	0.0023	0.0044	0.0171	0.0206	0.0063	0.0206	0.0250	0.0234	0.0140	0.0620	0.0067
7	0.0015	0.0033	0.0001	0.0000	0.0000	0.0010	0.0064	0.0003	0.0046	0.0035	0.0019	0.0119	0.0012	0.0030
8	0.0028	0.0048	0.0009	0.0038	0.0020	0.0163	0.0048	0.0026	0.0081	0.0048	0.0010	0.0071	0.0292	0.0270

续表

产业编号	29	30	31	32	33	34	35	36	37	38	39	40	41	42
9	0.0008	0.0005	0.0010	0.0004	0.0005	0.0006	0.0002	0.0008	0.0025	0.0020	0.0006	0.0001	0.0020	0.0047
10	0.0036	0.0040	0.0283	0.0162	0.0050	0.0715	0.0112	0.0105	0.0092	0.0057	0.0236	0.0006	0.0464	0.0237
11	0.0803	0.0024	0.0012	0.0030	0.0014	0.0200	0.0064	0.0238	0.0110	0.0037	0.0052	0.0005	0.0030	0.0057
12	0.0103	0.0083	0.0030	0.0004	0.0007	0.0079	0.0669	0.0457	0.0706	0.0539	0.0154	0.3239	0.0113	0.0035
13	0.0004	0.0008	0.0001	0.0000	0.0000	0.0003	0.0096	0.0004	0.0071	0.0003	0.0021	0.0006	0.0000	0.0000
14	0.0006	0.0000	0.0000	0.0000	0.0000	0.0000	0.0015	0.0008	0.0012	0.0005	0.0001	0.0000	0.0000	0.0000
15	0.0026	0.0009	0.0006	0.0001	0.0011	0.0260	0.0245	0.0257	0.0097	0.0110	0.0014	0.0001	0.0009	0.0013
16	0.0083	0.0007	0.0004	0.0004	0.0002	0.0003	0.0009	0.0014	0.0021	0.0004	0.0012	0.0002	0.0003	0.0001
17	0.0011	0.0003	0.0001	0.0007	0.0000	0.0005	0.0002	0.0003	0.0021	0.0005	0.0002	0.0278	0.0001	0.0000
18	0.0722	0.0011	0.0003	0.0003	0.0000	0.0336	0.0019	0.0069	0.0168	0.0407	0.0002	0.0005	0.0007	0.0035
19	0.0043	0.0012	0.0109	0.0001	0.0001	0.0132	0.0315	0.0190	0.0127	0.0108	0.0002	0.0010	0.0007	0.0023
20	0.0055	0.0027	0.0558	0.0008	0.0004	0.0213	0.0302	0.0460	0.0123	0.0382	0.0016	0.0017	0.0048	0.0052
21	0.0001	0.0000	0.0009	0.0000	0.0000	0.0002	0.0299	0.0356	0.0042	0.0029	0.0077	0.0002	0.0017	0.0002
22	0.0003	0.0004	0.0002	0.0000	0.0011	0.0082	0.0069	0.0101	0.0061	0.0070	0.0004	0.0004	0.0037	0.0002
23	0.0004	0.0000	0.0002	0.0000	0.0001	0.0010	0.0007	0.0003	0.0009	0.0001	0.0001	0.0001	0.0003	0.0005
24	0.0138	0.0097	0.0098	0.0035	0.0043	0.0039	0.0134	0.0048	0.0269	0.0114	0.0065	0.0064	0.0101	0.0091
25	0.0164	0.0059	0.0001	0.0000	0.0019	0.0005	0.0008	0.0004	0.0012	0.0037	0.0010	0.0005	0.0018	0.0003

续表

产业编号	29	30	31	32	33	34	35	36	37	38	39	40	41	42
26	0.0004	0.0027	0.0003	0.0003	0.0005	0.0001	0.0022	0.0002	0.0027	0.0014	0.0008	0.0006	0.0018	0.0007
27	0.0017	0.0021	0.0010	0.0020	0.0133	0.0005	0.0018	0.0010	0.0093	0.0018	0.0062	0.0021	0.0064	0.0124
28	0.0296	0.0649	0.0164	0.0047	0.0031	0.0362	0.0316	0.0267	0.0308	0.0282	0.0120	0.0685	0.0310	0.0146
29	0.1416	0.0347	0.0124	0.0104	0.0036	0.0505	0.0362	0.0333	0.0379	0.0235	0.0187	0.0311	0.0309	0.0274
30	0.0172	0.0020	0.0056	0.0213	0.0036	0.0443	0.0380	0.0320	0.0114	0.0105	0.0220	0.0037	0.0301	0.0411
31	0.0302	0.0074	0.1979	0.0337	0.0082	0.0148	0.0134	0.0217	0.0165	0.0060	0.0202	0.0207	0.0184	0.0621
32	0.0935	0.0094	0.0197	0.0680	0.1127	0.0683	0.0095	0.0391	0.0432	0.0126	0.0266	0.0071	0.0248	0.0250
33	0.0128	0.0421	0.0657	0.0608	0.0414	0.0603	0.0161	0.0169	0.0118	0.1016	0.0406	0.0148	0.0392	0.0196
34	0.0293	0.0194	0.0750	0.0622	0.0612	0.1040	0.0373	0.0515	0.0327	0.0233	0.0104	0.0053	0.0432	0.0294
35	0.0000	0.0000	0.0000	0.0000	0.0000	0.0000	0.0037	0.0000	0.0000	0.0000	0.0000	0.0000	0.0000	0.0000
36	0.0032	0.0004	0.0034	0.0007	0.0008	0.0001	0.0587	0.1401	0.0029	0.0000	0.0026	0.0005	0.0002	0.0005
37	0.0017	0.0007	0.0011	0.0015	0.0004	0.0039	0.0030	0.0012	0.0315	0.0018	0.0011	0.0008	0.0022	0.0021
38	0.0150	0.0055	0.0022	0.0030	0.0017	0.0078	0.0151	0.0117	0.0389	0.0182	0.0120	0.0075	0.0139	0.0213
39	0.0011	0.0007	0.0006	0.0025	0.0003	0.0006	0.0006	0.0009	0.0008	0.0006	0.0145	0.0016	0.0016	0.0094
40	0.0005	0.0000	0.0000	0.0002	0.0000	0.0000	0.0001	0.0001	0.0002	0.0002	0.0004	0.0057	0.0003	0.0030
41	0.0021	0.0015	0.0036	0.0085	0.0012	0.0040	0.0046	0.0024	0.0035	0.0037	0.0039	0.0006	0.0506	0.0078
42	0.0005	0.0003	0.0005	0.0005	0.0012	0.0014	0.0008	0.0010	0.0011	0.0006	0.0017	0.0003	0.0010	0.0235

附表 A2

中国 2020 年产业后向关联修正影响系数表

产业编号	1	2	3	4	5	6	7	8	9	10	11	12	13	14
1	1.0444	0.0014	0.0000	0.0001	0.0001	2.8244	0.4868	0.0446	0.1800	0.1467	0.0001	0.4192	0.0015	0.0002
2	0.0047	0.2364	0.0005	0.0031	0.0096	0.0169	0.0108	0.0033	0.0022	0.0253	0.1477	0.1774	0.2649	0.1820
3	0.0000	0.0002	0.0011	0.0001	0.0001	0.0000	0.0000	0.0000	0.0000	0.0003	0.5376	0.0893	0.0067	0.0058
4	0.0000	0.0000	0.0000	0.0080	0.0000	0.0000	0.0000	0.0000	0.0000	0.0000	0.0019	0.0240	0.0095	0.6695
5	0.0000	0.0116	0.1443	0.0030	0.0123	0.0043	0.0001	0.0001	0.0001	0.0029	0.0003	0.0638	0.3755	0.0040
6	0.9492	0.0038	0.0008	0.0049	0.0039	1.6901	0.0084	0.1154	0.0114	0.0162	0.0299	0.2989	0.0162	0.0734
7	0.0005	0.0010	0.0002	0.0003	0.0022	0.0062	0.9613	1.3294	0.0352	0.1110	0.0009	0.0713	0.0023	0.0019
8	0.0024	0.0169	0.0019	0.0021	0.0037	0.0361	0.0261	0.5140	0.0519	0.0330	0.0094	0.0528	0.0443	0.0107
9	0.0035	0.0377	0.0017	0.0021	0.0007	0.0088	0.0049	0.0047	0.5688	0.0758	0.0020	0.0222	0.0204	0.0024
10	0.0101	0.0003	0.0001	0.0012	0.0020	0.1280	0.0135	0.0205	0.0244	0.6951	0.0035	0.1007	0.0866	0.0041
11	0.0360	0.0052	0.0008	0.0265	0.0360	0.0074	0.0037	0.0043	0.0073	0.0050	0.1319	0.4298	0.1401	0.3388
12	0.8613	0.0319	0.0351	0.0401	0.0781	0.1596	0.3890	0.2094	0.1839	0.4669	0.1317	3.1051	0.3577	0.1303
13	0.0051	0.0062	0.0004	0.0028	0.0186	0.0468	0.0037	0.0016	0.0176	0.0069	0.0260	0.0770	1.0582	0.1445
14	0.0021	0.0542	0.0096	0.0046	0.0138	0.0033	0.0035	0.0019	0.0280	0.1647	0.0013	0.1067	0.1849	2.0065
15	0.0085	0.0714	0.0005	0.0225	0.0268	0.0364	0.0101	0.0117	0.0605	0.0366	0.0037	0.0968	0.1749	0.0215
16	0.0080	0.0297	0.0076	0.0159	0.0117	0.0147	0.0133	0.0055	0.0132	0.0116	0.0254	0.0620	0.1161	0.0882
17	0.0951	0.0447	0.0302	0.0254	0.0482	0.0054	0.0063	0.0053	0.0081	0.0192	0.0084	0.0474	0.0327	0.0880

续表

产业编号	1	2	3	4	5	6	7	8	9	10	11	12	13	14
18	0.0321	0.0035	0.0002	0.0051	0.0079	0.0025	0.0013	0.0021	0.0020	0.0024	0.0006	0.0083	0.0257	0.0030
19	0.0021	0.0094	0.0011	0.0041	0.0074	0.0068	0.0034	0.0018	0.0029	0.0143	0.0019	0.0218	0.0152	0.0088
20	0.0024	0.0026	0.0001	0.0001	0.0005	0.0049	0.0009	0.0009	0.0007	0.0097	0.0011	0.0175	0.0049	0.0063
21	0.0003	0.0005	0.0064	0.0006	0.0027	0.0013	0.0002	0.0013	0.0001	0.0005	0.0075	0.0043	0.0043	0.0027
22	0.0004	0.0019	0.0005	0.0004	0.0008	0.0029	0.0010	0.0065	0.0011	0.0759	0.0021	0.0278	0.0137	0.4123
23	0.0010	0.0013	0.0008	0.0010	0.0007	0.0020	0.0006	0.0008	0.0007	0.0016	0.0024	0.0074	0.0143	0.0057
24	0.1016	0.0816	0.0385	0.0771	0.0675	0.0797	0.0611	0.0275	0.0497	0.0712	0.0852	0.5003	0.3487	0.6048
25	0.0012	0.0002	0.0002	0.0000	0.0007	0.0033	0.0007	0.0008	0.0002	0.0032	0.0062	0.0152	0.0018	0.0023
26	0.0003	0.0005	0.0006	0.0002	0.0005	0.0094	0.0010	0.0013	0.0009	0.0026	0.0012	0.0069	0.0043	0.0034
27	0.0080	0.0014	0.0003	0.0002	0.0003	0.0023	0.0013	0.0011	0.0014	0.0011	0.0005	0.0052	0.0017	0.0018
28	0.2127	0.0401	0.0053	0.0136	0.0190	0.5352	0.1231	0.2009	0.1571	0.1819	0.0714	0.4953	0.2432	0.2070
29	0.2196	0.0484	0.0060	0.0154	0.0209	0.2917	0.1180	0.1478	0.0779	0.1030	0.0975	0.4849	0.2202	0.2885
30	0.0199	0.0066	0.0017	0.0041	0.0040	0.0429	0.0091	0.0109	0.0097	0.0165	0.0070	0.0755	0.0348	0.0280
31	0.0189	0.0026	0.0011	0.0031	0.0026	0.0236	0.0083	0.0138	0.0056	0.0172	0.0024	0.0460	0.0149	0.0120
32	0.0956	0.0698	0.0225	0.0160	0.0173	0.0390	0.0245	0.0133	0.0151	0.0383	0.0328	0.1449	0.0865	0.2007
33	0.0001	0.0009	0.0002	0.0000	0.0002	0.0021	0.0007	0.0010	0.0013	0.0011	0.0001	0.0036	0.0018	0.0002
34	0.0285	0.0727	0.0150	0.0199	0.0213	0.2529	0.0285	0.0846	0.0275	0.0866	0.0470	0.3264	0.1083	0.0643

续表

产业编号	1	2	3	4	5	6	7	8	9	10	11	12	13	14
35	0.0000	0.0000	0.0000	0.0000	0.0000	0.0000	0.0000	0.0000	0.0000	0.0000	0.0000	0.0000	0.0000	0.0000
36	0.0746	0.0190	0.0042	0.0095	0.0124	0.0153	0.0034	0.0100	0.0087	0.0122	0.0021	0.0955	0.0256	0.0299
37	0.0156	0.0009	0.0004	0.0010	0.0018	0.0042	0.0056	0.0012	0.0011	0.0070	0.0022	0.0082	0.0037	0.0076
38	0.0088	0.0120	0.0013	0.0007	0.0020	0.0136	0.0051	0.0045	0.0057	0.0092	0.0053	0.0333	0.0163	0.0114
39	0.0010	0.0005	0.0001	0.0001	0.0001	0.0009	0.0003	0.0004	0.0004	0.0003	0.0002	0.0016	0.0008	0.0004
40	0.0009	0.0013	0.0001	0.0004	0.0004	0.0007	0.0004	0.0007	0.0004	0.0008	0.0074	0.0015	0.0021	0.0035
41	0.0008	0.0021	0.0010	0.0009	0.0005	0.0067	0.0033	0.0032	0.0022	0.0022	0.0023	0.0128	0.0066	0.0070
42	0.0029	0.0005	0.0002	0.0002	0.0003	0.0018	0.0011	0.0009	0.0005	0.0009	0.0004	0.0041	0.0030	0.0015

产业编号	15	16	17	18	19	20	21	22	23	24	25	26	27	28
1	0.0007	0.0002	0.0005	0.0003	0.0005	0.0000	0.0000	0.0234	0.0000	0.0007	0.0000	0.0000	0.1257	0.0001
2	0.0039	0.0028	0.0020	0.0008	0.0017	0.0000	0.0002	0.0009	0.0005	0.6555	0.0184	0.0000	0.0066	0.0001
3	0.0030	0.0029	0.0019	0.0029	0.0003	0.0000	0.0000	0.0000	0.0000	0.0066	0.0991	0.0000	0.0000	0.0000
4	0.0190	0.0000	0.0000	0.0000	0.0000	0.0000	0.0000	0.0001	0.0000	0.0000	0.0000	0.0000	0.0000	0.0000
5	0.0012	0.0005	0.0010	0.0016	0.0030	0.0007	0.0000	0.0001	0.0002	0.0027	0.0000	0.0000	0.1832	0.0005
6	0.0261	0.0404	0.0225	0.0312	0.0415	0.0611	0.0060	0.0054	0.0003	0.0460	0.0049	0.0040	0.0526	0.0211
7	0.0108	0.0034	0.0034	0.0108	0.0085	0.0050	0.0020	0.0360	0.0006	0.0001	0.0000	0.0001	0.0011	0.0043
8	0.0120	0.0182	0.0181	0.0679	0.0256	0.0223	0.0047	0.0076	0.0020	0.0099	0.0039	0.0044	0.0512	0.0326

续表

产业编号	15	16	17	18	19	20	21	22	23	24	25	26	27	28
9	0.0500	0.0097	0.0066	0.0664	0.0109	0.0088	0.0019	0.0128	0.0006	0.0021	0.0000	0.0000	0.5933	0.0044
10	0.0187	0.0187	0.0177	0.0188	0.0530	0.0457	0.0042	0.0077	0.0001	0.0045	0.0001	0.0002	0.0519	0.0869
11	0.0223	0.0139	0.0067	0.0090	0.0081	0.0053	0.0019	0.0040	0.0019	0.0734	0.0092	0.0003	0.2660	0.0239
12	0.1517	0.1134	0.1084	0.3324	0.4574	0.2497	0.0166	0.0705	0.0035	0.0026	0.0008	0.0297	1.0692	0.0267
13	0.0640	0.0263	0.0366	0.0967	0.1793	0.1277	0.0246	0.0034	0.0010	0.0188	0.0001	0.0002	4.3602	0.0017
14	1.3790	0.7219	0.3181	0.5907	1.2329	0.2653	0.0389	0.0363	0.0187	0.0025	0.0010	0.0007	2.5808	0.0003
15	0.6181	0.2774	0.1637	0.1942	0.2595	0.1406	0.0315	0.0136	0.0125	0.0026	0.0004	0.0087	1.3659	0.0025
16	0.1354	0.8714	0.3257	0.2813	0.2368	0.0594	0.0254	0.0070	0.0124	0.0264	0.0015	0.0011	0.2133	0.0024
17	0.0375	0.0363	0.3793	0.0490	0.0397	0.1755	0.0111	0.0012	0.0055	0.0017	0.0001	0.0010	0.1745	0.0002
18	0.0070	0.1003	0.1075	1.8373	0.0184	0.0060	0.0043	0.0007	0.0254	0.0006	0.0001	0.0001	0.0259	0.0016
19	0.0124	0.3038	0.1646	0.2664	0.9446	0.4575	0.0479	0.0055	0.0155	0.4446	0.0008	0.0008	0.9879	0.1516
20	0.0066	0.1545	0.1755	0.1457	0.2755	1.8605	0.1195	0.0074	0.0080	0.0134	0.0004	0.0004	0.0878	0.0701
21	0.0009	0.0168	0.0218	0.0266	0.0344	0.0220	0.0686	0.0013	0.0004	0.1194	0.0010	0.0006	0.0240	0.0001
22	0.0536	0.0025	0.0010	0.0057	0.0042	0.0063	0.0003	0.0735	0.0004	0.0044	0.0003	0.0001	0.0104	0.0005
23	0.0017	0.0049	0.0070	0.0058	0.0029	0.0039	0.0003	0.0004	0.0002	0.0315	0.0012	0.0008	0.0242	0.0003
24	0.2258	0.0864	0.0557	0.0707	0.0792	0.0981	0.0118	0.0142	0.0051	1.3872	0.0190	0.0495	0.3992	0.1209
25	0.0033	0.0014	0.0023	0.0018	0.0019	0.0010	0.0001	0.0020	0.0012	0.0151	0.0660	0.0000	0.0003	0.0008

续表

产业编号	15	16	17	18	19	20	21	22	23	24	25	26	27	28
26	0.0013	0.0027	0.0015	0.0023	0.0032	0.0037	0.0005	0.0013	0.0002	0.0099	0.0003	0.0159	0.0232	0.0044
27	0.0012	0.0032	0.0013	0.0020	0.0019	0.0067	0.0003	0.0007	0.0002	0.0280	0.0003	0.0008	1.0359	0.0156
28	0.1454	0.1816	0.1286	0.4237	0.2799	0.3585	0.0313	0.0186	0.0076	0.1014	0.0151	0.0037	0.9382	0.0731
29	0.1304	0.1428	0.1212	0.2525	0.1916	0.1376	0.0212	0.0163	0.0048	0.1110	0.0147	0.0034	0.6685	0.7827
30	0.0248	0.0232	0.0295	0.0315	0.0326	0.0320	0.0072	0.0028	0.0020	0.0170	0.0019	0.0017	0.1277	0.0602
31	0.0132	0.0255	0.0166	0.0242	0.0308	0.2061	0.0055	0.0013	0.0010	0.0376	0.0030	0.0029	0.3139	0.0887
32	0.0581	0.0442	0.0464	0.0444	0.0592	0.1057	0.0094	0.0096	0.0017	0.1864	0.0179	0.0142	0.6343	0.4035
33	0.0016	0.0021	0.0013	0.0023	0.0027	0.0033	0.0007	0.0002	0.0016	0.0008	0.0004	0.0003	0.0030	0.6290
34	0.0719	0.1008	0.0882	0.1675	0.1162	0.1609	0.0121	0.0108	0.0042	0.0413	0.0161	0.0045	0.4802	1.4150
35	0.0000	0.0000	0.0000	0.0000	0.0000	0.0000	0.0000	0.0000	0.0000	0.0000	0.0000	0.0000	0.0000	0.0000
36	0.0215	0.0228	0.0359	0.0860	0.0325	0.0850	0.0074	0.0013	0.0008	0.0333	0.0001	0.0004	2.1948	0.1028
37	0.0020	0.0030	0.0029	0.0035	0.0029	0.0031	0.0005	0.0007	0.0003	0.0179	0.0002	0.0191	0.0098	0.0181
38	0.0142	0.0165	0.0109	0.0313	0.0201	0.0216	0.0025	0.0019	0.0008	0.0181	0.0019	0.0029	0.1406	0.0827
39	0.0007	0.0009	0.0006	0.0008	0.0006	0.0007	0.0002	0.0001	0.0001	0.0001	0.0001	0.0002	0.0052	0.0094
40	0.0024	0.0036	0.0023	0.0031	0.0027	0.0012	0.0003	0.0001	0.0001	0.0031	0.0003	0.0000	0.0107	0.0036
41	0.0033	0.0076	0.0039	0.0122	0.0060	0.0077	0.0006	0.0007	0.0003	0.0075	0.0007	0.0010	0.0215	0.0130
42	0.0016	0.0016	0.0013	0.0015	0.0011	0.0018	0.0001	0.0008	0.0001	0.0016	0.0002	0.0002	0.0030	0.0019

续表

产业编号	29	30	31	32	33	34	35	36	37	38	39	40	41	42
1	0.0010	0.3648	0.0035	0.0005	0.0023	0.0499	0.0287	0.0078	0.0645	0.0154	0.0042	0.0041	0.0032	0.0000
2	0.0010	0.0004	0.0000	0.0001	0.0005	0.0000	0.0018	0.0013	0.0006	0.0025	0.0047	0.0028	0.0003	0.0041
3	0.0000	0.0000	0.0000	0.0000	0.0000	0.0000	0.0000	0.0000	0.0000	0.0000	0.0000	0.0002	0.0000	0.0002
4	0.0000	0.0000	0.0000	0.0000	0.0000	0.0000	0.0016	0.0000	0.0000	0.0000	0.0000	0.0000	0.0000	0.0000
5	0.0014	0.0000	0.0000	0.0000	0.0000	0.0000	0.0002	0.0000	0.0001	0.0000	0.0000	0.0000	0.0000	0.0002
6	0.0702	1.1622	0.0513	0.0262	0.0429	0.1515	0.0438	0.0302	0.0214	0.0689	0.1146	0.0643	0.0887	0.0487
7	0.0194	0.0158	0.0012	0.0001	0.0000	0.0111	0.0165	0.0016	0.0058	0.0117	0.0110	0.0657	0.0020	0.0263
8	0.0385	0.0239	0.0103	0.0542	0.0242	0.1805	0.0128	0.0159	0.0106	0.0166	0.0064	0.0412	0.0524	0.2475
9	0.0098	0.0020	0.0096	0.0050	0.0057	0.0063	0.0005	0.0042	0.0029	0.0064	0.0036	0.0008	0.0033	0.0387
10	0.0427	0.0169	0.2713	0.1977	0.0527	0.6794	0.0257	0.0540	0.0103	0.0171	0.1244	0.0028	0.0717	0.1871
11	0.6963	0.0075	0.0081	0.0271	0.0111	0.1398	0.0107	0.0899	0.0090	0.0081	0.0202	0.0017	0.0034	0.0328
12	0.1195	0.0348	0.0283	0.0043	0.0071	0.0736	0.1497	0.2295	0.0773	0.1565	0.0792	1.5663	0.0170	0.0270
13	0.0044	0.0034	0.0009	0.0002	0.0003	0.0025	0.0214	0.0019	0.0078	0.0009	0.0108	0.0031	0.0000	0.0001
14	0.0060	0.0000	0.0001	0.0000	0.0000	0.0000	0.0031	0.0038	0.0013	0.0014	0.0006	0.0000	0.0000	0.0000
15	0.0324	0.0039	0.0062	0.0009	0.0124	0.2595	0.0588	0.1382	0.0114	0.0341	0.0079	0.0006	0.0015	0.0105
16	0.1051	0.0030	0.0040	0.0056	0.0026	0.0028	0.0022	0.0075	0.0025	0.0012	0.0066	0.0011	0.0005	0.0011
17	0.0131	0.0013	0.0010	0.0087	0.0001	0.0053	0.0004	0.0015	0.0024	0.0015	0.0013	0.1408	0.0001	0.0002

续表

产业编号	29	30	31	32	33	34	35	36	37	38	39	40	41	42
18	0.9095	0.0050	0.0028	0.0035	0.0003	0.3411	0.0046	0.0379	0.0201	0.1295	0.0014	0.0027	0.0012	0.0296
19	0.0551	0.0054	0.1122	0.0011	0.0006	0.1362	0.0781	0.1054	0.0153	0.0346	0.0010	0.0051	0.0011	0.0193
20	0.0573	0.0100	0.4677	0.0090	0.0035	0.1787	0.0609	0.2079	0.0122	0.0998	0.0072	0.0072	0.0065	0.0356
21	0.0012	0.0001	0.0082	0.0001	0.0001	0.0014	0.0633	0.1688	0.0043	0.0080	0.0376	0.0011	0.0024	0.0018
22	0.0022	0.0012	0.0013	0.0003	0.0078	0.0518	0.0105	0.0345	0.0045	0.0139	0.0014	0.0012	0.0038	0.0011
23	0.0055	0.0002	0.0025	0.0003	0.0010	0.0106	0.0017	0.0015	0.0010	0.0002	0.0006	0.0004	0.0004	0.0046
24	0.1581	0.0399	0.0906	0.0415	0.0435	0.0362	0.0296	0.0238	0.0290	0.0327	0.0329	0.0305	0.0150	0.0690
25	0.1480	0.0193	0.0006	0.0002	0.0151	0.0035	0.0014	0.0016	0.0010	0.0083	0.0040	0.0019	0.0021	0.0016
26	0.0040	0.0093	0.0022	0.0029	0.0045	0.0010	0.0040	0.0010	0.0025	0.0034	0.0035	0.0025	0.0022	0.0048
27	0.0211	0.0094	0.0100	0.0260	0.1484	0.0047	0.0044	0.0054	0.0110	0.0055	0.0347	0.0112	0.0104	0.1027
28	0.2320	0.1837	0.1041	0.0376	0.0217	0.2276	0.0479	0.0911	0.0229	0.0556	0.0418	0.2246	0.0317	0.0762
29	1.2695	0.1311	0.1043	0.1112	0.0337	0.4232	0.0733	0.1513	0.0375	0.0618	0.0870	0.1360	0.0421	0.1907
30	0.1879	0.0080	0.0490	0.2380	0.0354	0.3865	0.0800	0.1513	0.0117	0.0287	0.1068	0.0169	0.0426	0.2970
31	0.2883	0.0254	1.2172	0.3290	0.0693	0.1130	0.0247	0.0898	0.0148	0.0143	0.0856	0.0825	0.0228	0.3926
32	0.6810	0.0247	0.1160	0.4739	0.7251	0.3981	0.0134	0.1238	0.0298	0.0231	0.0862	0.0218	0.0235	0.1209
33	0.0879	0.1046	0.3637	0.4258	0.2430	0.3317	0.0215	0.0503	0.0077	0.1754	0.1242	0.0427	0.0351	0.0897
34	0.3217	0.0767	0.6631	0.6968	0.5956	0.8206	0.0793	0.2457	0.0340	0.0643	0.0509	0.0244	0.0618	0.2142

续表

产业编号	29	30	31	32	33	34	35	36	37	38	39	40	41	42
35	0.0000	0.0000	0.0000	0.0000	0.0000	0.0000	0.0074	0.0000	0.0000	0.0000	0.0000	0.0000	0.0000	0.0000
36	0.0346	0.0015	0.0299	0.0077	0.0081	0.0011	0.1239	0.5703	0.0030	0.0001	0.0125	0.0023	0.0003	0.0033
37	0.0173	0.0027	0.0090	0.0165	0.0037	0.0323	0.0060	0.0056	0.0298	0.0046	0.0050	0.0036	0.0030	0.0146
38	0.1358	0.0179	0.0164	0.0279	0.0137	0.0571	0.0265	0.0461	0.0333	0.0407	0.0483	0.0282	0.0163	0.1281
39	0.0079	0.0018	0.0035	0.0187	0.0017	0.0035	0.0009	0.0030	0.0005	0.0011	0.0457	0.0048	0.0015	0.0452
40	0.0052	0.0001	0.0002	0.0024	0.0000	0.0001	0.0002	0.0004	0.0002	0.0007	0.0018	0.0253	0.0004	0.0212
41	0.0193	0.0050	0.0272	0.0812	0.0099	0.0302	0.0082	0.0097	0.0031	0.0087	0.0161	0.0024	0.0581	0.0481
42	0.0041	0.0009	0.0034	0.0047	0.0093	0.0092	0.0013	0.0038	0.0009	0.0012	0.0064	0.0010	0.0011	0.1290

附表 A3　中国 2020 年无权产业网络邻接矩阵

产业部门	1	2	3	4	5	6	7	8	9	10	11	12	13	14	15	16	17	18	19	20	21	22	23	24	25	26	27	28	29	30	31	32	33	34	35	36	37	38	39	40	41	42
1	0	0	0	0	0	1	1	0	0	0	0	0	0	0	0	0	0	0	0	0	0	0	0	0	0	0	0	0	0	1	1	0	0	0	0	0	0	0	0	0	0	0
2	0	0	0	0	0	1	0	1	0	0	0	1	0	0	0	0	0	0	0	0	0	0	0	0	0	0	0	0	0	0	0	0	0	0	0	0	0	0	0	0	0	0
3	0	0	0	0	0	0	0	0	0	0	0	0	1	0	0	0	0	0	0	0	0	0	0	1	0	0	0	0	0	0	0	0	0	0	0	0	0	0	0	0	0	0
4	0	0	0	0	0	0	0	0	0	0	1	0	0	1	0	0	0	0	0	0	0	0	0	0	0	0	0	0	0	0	0	0	0	0	0	0	0	0	0	0	0	0
5	0	0	0	0	0	0	0	0	0	0	0	0	1	0	0	0	0	0	0	0	0	0	0	0	0	0	0	0	0	0	0	0	0	0	0	0	0	0	0	0	0	0
6	1	0	0	0	0	0	0	0	0	0	0	0	0	0	0	0	0	0	0	0	0	0	0	0	0	0	0	0	0	1	0	0	0	0	0	0	0	0	0	0	0	0
7	1	0	0	0	0	0	0	1	0	0	0	0	0	0	0	0	0	0	0	0	0	0	0	0	0	0	0	0	0	0	0	0	0	0	0	0	0	0	0	0	0	0
8	0	1	0	0	0	0	1	0	0	0	0	0	0	0	0	0	0	0	0	0	0	0	0	0	0	0	1	0	0	0	0	1	1	0	0	0	0	0	0	0	0	1
9	0	0	0	0	0	0	0	0	0	0	0	0	0	0	0	0	0	0	0	0	0	0	0	0	0	0	0	0	0	0	0	0	0	1	0	0	0	0	0	0	0	0
10	0	0	0	0	0	0	0	0	0	0	0	0	0	1	0	0	0	0	0	1	0	0	0	0	0	0	1	0	1	0	0	0	0	0	0	0	0	0	0	0	0	0
11	0	0	0	1	0	0	0	0	0	1	0	0	0	0	0	0	0	0	0	0	0	0	0	0	0	0	1	0	0	0	0	0	0	0	0	0	0	0	0	0	0	0
12	0	1	0	0	0	0	0	0	0	0	0	0	0	0	0	0	0	0	0	0	0	0	0	0	0	0	0	0	0	0	0	0	0	0	0	1	0	0	0	1	0	0
13	0	0	0	0	1	0	0	0	0	1	0	0	0	0	1	1	1	1	1	1	0	0	0	0	0	0	1	0	0	0	0	0	0	0	0	0	0	0	0	0	0	0
14	0	0	0	0	0	0	0	0	0	0	0	0	0	0	0	0	1	0	0	0	0	0	0	0	0	0	0	0	0	0	0	0	0	0	0	0	0	0	0	0	0	0
15	0	0	0	0	0	0	0	0	0	0	0	0	0	0	1	1	0	1	1	1	1	0	0	0	0	0	1	0	0	0	0	0	0	0	0	0	0	0	0	0	0	0
16	0	0	0	0	0	0	0	0	0	0	0	0	0	0	0	0	1	1	1	1	0	0	0	0	0	0	0	0	0	0	0	0	0	0	0	0	0	0	0	0	0	0
17	0	0	0	0	0	0	0	0	0	0	0	0	0	0	0	0	0	0	0	0	0	0	0	0	0	0	0	0	0	0	0	0	0	0	0	0	0	0	0	0	0	0

续表

产业部门	1	2	3	4	5	6	7	8	9	10	11	12	13	14	15	16	17	18	19	20	21	22	23	24	25	26	27	28	29	30	31	32	33	34	35	36	37	38	39	40	41	42
18	0	0	0	0	0	0	0	0	0	0	0	0	0	0	0	0	0	0	0	0	0	0	0	0	0	0	0	0	1	0	0	0	0	1	0	0	0	0	0	0	0	0
19	0	0	0	0	0	0	0	0	0	0	0	0	0	0	0	1	1	1	0	1	0	0	0	1	0	0	1	0	0	0	0	0	0	0	0	0	0	0	0	0	0	0
20	0	0	0	0	0	0	0	0	0	0	0	0	0	0	0	0	0	0	1	0	0	0	0	0	0	0	0	0	0	0	1	0	0	0	0	1	0	0	0	0	0	0
21	0	0	0	0	0	0	0	0	0	0	0	0	0	0	0	0	0	0	0	0	0	0	0	0	0	0	0	0	0	0	0	0	0	0	0	0	0	0	0	0	0	0
22	0	0	0	0	0	0	0	0	0	0	0	0	0	1	0	0	0	0	0	0	0	0	0	0	0	0	0	0	0	0	0	0	0	0	0	0	0	0	0	0	0	0
23	0	0	0	0	0	0	0	0	0	0	0	0	0	0	0	0	0	0	0	0	0	0	0	0	0	0	0	0	0	0	0	0	0	0	0	0	0	0	0	0	0	0
24	0	0	0	0	0	0	1	0	0	0	0	1	1	1	1	0	0	0	0	0	0	0	0	0	0	0	1	0	0	0	0	0	0	0	0	0	0	0	0	0	0	0
25	0	0	0	0	0	0	0	0	0	0	0	0	0	0	0	0	0	0	0	0	0	0	0	0	0	0	0	0	0	0	0	0	0	0	0	0	0	0	0	0	0	0
26	0	0	0	0	0	0	0	0	0	0	0	0	0	0	0	0	0	0	0	0	0	0	0	0	0	0	0	0	0	0	0	0	0	0	0	0	0	0	0	0	0	0
27	0	0	0	0	0	0	0	0	0	0	0	0	0	0	0	0	0	0	0	0	0	0	0	0	0	0	0	0	0	0	0	0	0	0	0	0	0	0	0	0	0	0
28	1	1	0	0	0	1	1	1	0	0	0	1	1	1	0	0	0	1	1	1	0	0	0	0	0	0	1	1	1	0	0	0	0	1	0	0	0	0	0	1	0	0
29	1	1	0	0	0	1	0	0	0	0	0	1	1	1	0	0	0	1	1	0	0	0	0	0	0	0	1	0	0	0	0	1	0	1	0	0	0	0	0	0	0	1
30	0	0	0	0	0	0	0	0	0	0	0	0	0	0	0	0	0	0	0	0	0	0	0	0	0	0	0	0	1	0	0	0	0	1	0	0	0	0	0	0	0	1
31	0	0	0	0	0	0	0	0	0	0	0	0	0	0	0	0	0	0	0	1	0	0	0	0	0	0	1	0	0	0	0	0	0	0	0	0	0	0	0	0	0	1
32	0	0	0	0	0	0	0	0	0	0	0	0	0	1	0	0	0	0	0	0	0	0	0	0	0	0	0	0	0	0	0	1	1	1	0	0	0	0	0	0	0	0
33	0	0	0	0	0	0	0	0	0	0	0	0	0	0	0	0	0	0	0	0	0	0	0	0	0	0	0	1	1	0	0	1	0	1	0	0	0	0	0	0	0	0
34	0	0	0	0	0	1	0	0	0	0	0	1	0	0	0	0	0	0	0	0	0	0	0	0	0	0	1	1	1	0	0	1	1	0	1	1	0	0	0	0	0	1

续表

产业部门	1	2	3	4	5	6	7	8	9	10	11	12	13	14	15	16	17	18	19	20	21	22	23	24	25	26	27	28	29	30	31	32	33	34	35	36	37	38	39	40	41	42
35	0	0	0	0	0	0	0	0	0	0	0	0	0	0	0	0	0	0	0	0	0	0	0	0	0	0	0	0	0	0	0	0	0	0	0	0	0	0	0	0	0	0
36	0	0	0	0	0	0	0	0	0	0	0	0	0	0	0	0	0	0	0	0	0	0	0	0	0	0	1	0	0	0	0	0	0	0	0	0	0	0	0	0	0	0
37	0	0	0	0	0	0	0	0	0	0	0	0	0	0	0	0	0	0	0	0	0	0	0	0	0	0	0	0	0	0	0	0	0	0	0	0	0	0	0	0	0	0
38	0	0	0	0	0	0	0	0	0	0	0	0	0	0	0	0	0	0	0	0	0	0	0	0	0	0	0	0	0	0	0	0	0	0	0	0	0	0	0	0	0	0
39	0	0	0	0	0	0	0	0	0	0	0	0	0	0	0	0	0	0	0	0	0	0	0	0	0	0	0	0	0	0	0	0	0	0	0	0	0	0	0	0	0	0
40	0	0	0	0	0	0	0	0	0	0	0	0	0	0	0	0	0	0	0	0	0	0	0	0	0	0	0	0	0	0	0	0	0	0	0	0	0	0	0	0	0	0
41	0	0	0	0	0	0	0	0	0	0	0	0	0	0	0	0	0	0	0	0	0	0	0	0	0	0	0	0	0	0	0	0	0	0	0	0	0	0	0	0	0	0
42	0	0	0	0	0	0	0	0	0	0	0	0	0	0	0	0	0	0	0	0	0	0	0	0	0	0	0	0	0	0	0	0	0	0	0	0	0	0	0	0	0	0

附表 A4　　中国 2020 年产业网络循环结构邻接矩阵

产业部门	1	6	10	12	14	15	16	18	19	20	24	28	29	30	31	32	33	34
1	0	1	0	1	0	0	0	0	0	0	0	0	0	1	0	0	0	0
6	1	0	0	1	0	0	0	0	0	0	0	0	0	1	0	0	0	0
10	0	0	0	0	0	0	0	0	0	0	0	0	0	0	1	1	0	1
12	1	1	1	0	0	0	0	1	1	1	0	0	0	0	0	0	0	0
14	0	0	0	0	0	1	0	1	1	1	0	0	0	0	0	0	0	0
15	0	0	0	0	0	0	0	1	1	0	0	0	0	0	0	0	0	1
16	0	0	0	0	0	0	0	1	1	0	0	0	0	0	0	0	0	0
18	0	0	0	0	0	0	1	0	0	1	0	1	1	0	0	0	0	1
19	0	0	0	0	0	0	0	1	0	0	1	0	0	0	1	0	0	0
20	0	0	0	0	0	0	0	0	0	0	1	0	0	0	0	0	0	0
24	1	0	0	1	1	1	0	0	0	0	0	0	0	0	0	0	0	0
28	1	1	0	1	1	0	0	1	1	0	0	0	1	0	0	0	0	1
29	0	1	0	0	0	0	0	1	0	0	0	1	0	0	0	0	0	1
30	0	0	0	0	0	0	0	0	0	1	0	0	0	0	0	1	0	1
31	0	0	0	0	1	0	0	0	0	0	0	1	1	1	0	0	1	0
32	0	0	0	0	0	0	0	0	0	0	0	1	1	0	0	0	1	1
33	0	0	0	1	0	0	0	0	0	0	0	1	0	0	1	1	0	1
34	0	1	0	0	0	0	0	0	0	0	0	1	1	0	1	1	1	0

附表 A5　中国 2020 年产业网络"蝴蝶结"结构邻接矩阵

产业部门	循环结构	2	3	4	5	7	8	9	11	13	17	21	22	23	25	26	27	35	36	37	38	39	40	41	42
2	0	0	0	0	0	1	1	0	0	1	1	0	0	0	0	0	1	0	3	0	0	0	1	0	1
3	1	0	0	0	0	0	0	0	0	1	0	0	0	0	0	0	0	0	0	0	0	0	0	0	0
4	0	0	0	0	0	0	0	0	1	0	0	0	0	0	0	0	0	0	0	0	0	0	0	0	0
5	1	0	0	0	0	0	0	0	0	0	0	0	0	0	0	0	0	0	0	0	0	0	0	0	0
7	0	0	0	0	0	0	0	0	0	1	1	0	0	0	0	0	0	0	0	0	0	0	0	0	0
8	0	0	0	0	0	0	1	1	0	0	0	0	0	0	0	0	0	0	0	0	0	0	0	0	0
9	0	0	0	0	0	0	0	0	0	0	0	0	0	0	0	0	1	0	0	0	0	0	0	0	1
11	1	0	0	0	0	0	0	0	0	0	0	0	0	0	0	0	1	0	0	0	0	0	0	0	0
13	0	0	0	0	0	0	0	0	0	0	0	0	0	0	0	0	1	0	0	0	0	0	0	0	0
17	0	0	0	0	0	0	0	0	0	0	0	0	0	0	0	0	0	0	0	0	0	0	0	0	0
21	0	0	0	0	0	0	0	0	0	0	0	0	0	0	0	0	0	0	0	0	0	0	0	0	0
22	1	0	0	0	0	0	0	0	0	0	0	0	0	0	0	0	0	0	0	0	0	0	0	0	0
23	0	0	0	0	0	0	0	0	0	0	0	0	0	0	0	0	0	0	0	0	0	0	0	0	0
25	0	0	0	0	0	0	0	0	0	0	0	0	0	0	0	0	0	0	0	0	0	0	0	0	0
26	0	0	0	0	0	0	0	0	0	0	0	0	0	0	0	0	0	0	0	0	0	0	0	0	0
27	0	0	0	0	0	0	0	0	0	0	0	0	0	0	0	0	0	0	0	0	0	0	0	0	0

续表

产业部门	循环结构	2	3	4	5	7	8	9	11	13	17	21	22	23	25	26	27	35	36	37	38	39	40	41	42
35	0	0	0	0	0	0	0	0	0	0	0	0	0	0	0	0	0	0	0	0	0	0	0	0	0
36	0	0	0	0	0	0	0	0	0	0	0	0	0	0	0	0	1	0	0	0	0	0	0	0	0
37	0	0	0	0	0	0	0	0	0	0	0	0	0	0	0	0	0	0	0	0	0	0	0	0	0
38	0	0	0	0	0	0	0	0	0	0	0	0	0	0	0	0	0	0	0	0	0	0	0	0	0
39	0	0	0	0	0	0	0	0	0	0	0	0	0	0	0	0	0	0	0	0	0	0	0	0	0
40	0	0	0	0	0	0	0	0	0	0	0	0	0	0	0	0	0	0	0	0	0	0	0	0	0
41	0	0	0	0	0	0	0	0	0	0	0	0	0	0	0	0	0	0	0	0	0	0	0	0	0
42	0	0	0	0	0	0	0	0	0	0	0	0	0	0	0	0	0	0	0	0	0	0	0	0	0

附表 A6　中国 2020 年赋权网络系数表（显著）

产业部门	1	2	3	4	5	6	7	8	9	10	11	12	13	14
1	0.1345	0	0	0	0	0.3477	0.1856	0	0	0	0	0.041	0	0
2	0	0.1499	0	0	0	0	0	0	0	0	0	0	0.0463	0
3	0	0	0	0	0	0	0	0	0	0	0.1958	0	0	0
4	0	0	0	0	0	0	0	0	0	0	0	0	0	0.0822
5	0	0	0	0	0	0	0	0	0	0	0	0	0.0633	0
6	0.0809	0	0	0	0	0.1813	0	0	0	0	0	0.0215	0	0
7	0	0	0	0	0	0	0.342	0.3257	0	0	0	0	0	0
8	0	0	0	0	0	0	0	0.14	0	0	0	0	0	0
9	0	0	0	0	0	0	0	0	0.2874	0	0	0	0	0
10	0	0	0	0	0	0	0	0	0	0.2067	0	0	0	0
11	0	0	0	0	0	0	0	0	0	0	0	0.0392	0	0.0386
12	0.0673	0	0	0	0	0	0.1041	0.0584	0	0.113	0	0.31	0.0505	0
13	0	0	0	0	0	0	0	0	0	0	0	0	0.1841	0
14	0	0	0	0	0	0	0	0	0	0	0	0	0	0.2471
15	0	0	0	0	0	0	0	0	0	0	0	0	0	0
16	0	0	0	0	0	0	0	0	0	0	0	0	0	0
17	0	0	0	0	0	0	0	0	0	0	0	0	0	0

续表

产业部门	1	2	3	4	5	6	7	8	9	10	11	12	13	14
18	0	0	0	0	0	0	0	0	0	0	0	0	0	0
19	0	0	0	0	0	0	0	0	0	0	0	0	0	0
20	0	0	0	0	0	0	0	0	0	0	0	0	0	0
21	0	0	0	0	0	0	0	0	0	0	0	0	0	0
22	0	0	0	0	0	0	0	0	0	0	0	0	0	0.0522
23	0	0	0	0	0	0	0	0	0	0	0	0	0	0
24	0	0	0	0	0	0	0	0	0	0	0	0.0346	0.0498	0.0525
25	0	0	0	0	0	0	0	0	0	0	0	0	0	0
26	0	0	0	0	0	0	0	0	0	0	0	0	0	0
27	0	0	0	0	0	0	0	0	0	0	0	0	0	0
28	0.0244	0	0	0	0	0.0653	0	0.0827	0	0	0	0.0499	0.0506	0.0261
29	0.0189	0	0	0	0	0.0267	0	0	0	0	0	0.0367	0.0343	0.0273
30	0	0	0	0	0	0	0	0	0	0	0	0	0	0
31	0	0	0	0	0	0	0	0	0	0	0	0	0	0
32	0	0	0	0	0	0	0	0	0	0	0	0	0	0.0273
33	0	0	0	0	0	0	0	0	0	0	0	0	0	0
34	0	0	0	0	0	0.022	0	0	0	0	0	0.0235	0	0

续表

产业部门	1	2	3	4	5	6	7	8	9	10	11	12	13	14
35	0	0	0	0	0	0	0	0	0	0	0	0	0	0
36	0	0	0	0	0	0	0	0	0	0	0	0	0	0
37	0	0	0	0	0	0	0	0	0	0	0	0	0	0
38	0	0	0	0	0	0	0	0	0	0	0	0	0	0
39	0	0	0	0	0	0	0	0	0	0	0	0	0	0
40	0	0	0	0	0	0	0	0	0	0	0	0	0	0
41	0	0	0	0	0	0	0	0	0	0	0	0	0	0
42	0	0	0	0	0	0	0	0	0	0	0	0	0	0

产业部门	15	16	17	18	19	20	21	22	23	24	25	26	27	28
1	0	0	0	0	0	0	0	0	0	0	0	0	0	0
2	0	0	0	0	0	0	0	0	0	0.1212	0	0	0	0
3	0	0	0	0	0	0	0	0	0	0	0	0	0	0
4	0	0	0	0	0	0	0	0	0	0	0	0	0	0
5	0	0	0	0	0	0	0	0	0	0	0	0	0	0
6	0	0	0	0	0	0	0	0	0	0	0	0	0	0
7	0	0	0	0	0	0	0	0	0	0	0	0	0	0
8	0	0	0	0	0	0	0	0	0	0	0	0	0	0

续表

产业部门	15	16	17	18	19	20	21	22	23	24	25	26	27	28
9	0	0	0	0	0	0	0	0	0	0	0	0	0.0198	0
10	0	0	0	0	0	0	0	0	0	0	0	0	0	0
11	0	0	0	0	0	0	0	0	0	0	0	0	0.0128	0
12	0	0	0	0.0399	0.0678	0.0237	0	0	0	0	0	0	0.0386	0
13	0	0	0	0	0	0	0	0	0	0	0	0	0.1585	0
14	0.2971	0.1515	0.0916	0.0764	0.1976	0.0271	0	0	0	0	0	0	0.1006	0
15	0.1325	0.0503	0	0.0217	0.0359	0	0	0	0	0	0	0	0.0461	0
16	0	0.1934	0.0801	0.0311	0.0324	0	0	0	0	0	0	0	0.0071	0
17	0	0	0.1085	0	0	0	0	0	0	0	0	0	0	0
18	0	0	0	0.2809	0	0	0	0	0	0	0	0	0	0
19	0	0.0534	0	0.0289	0.1491	0.0393	0	0	0	0.0596	0	0	0.0323	0
20	0	0	0	0	0.0455	0.2689	0	0	0	0	0	0	0	0
21	0	0	0	0	0	0	0	0	0	0	0	0	0	0
22	0	0	0	0	0	0	0	0	0	0	0	0	0	0
23	0	0	0	0	0	0	0	0	0	0.2969	0	0	0	0
24	0.0455	0	0	0	0	0	0	0	0	0	0	0	0.0146	0
25	0	0	0	0	0	0	0	0	0	0	0	0	0	0

续表

产业部门	15	16	17	18	19	20	21	22	23	24	25	26	27	28
26	0	0	0	0	0	0	0	0	0	0	0	0	0	0
27	0	0	0	0	0	0	0	0	0	0	0	0	0.0359	0
28	0	0	0	0.075	0.0612	0.0501	0	0	0	0	0	0	0.05	0
29	0	0	0	0.0336	0.0314	0	0	0	0	0	0	0	0.0267	0.06
30	0	0	0	0	0	0	0	0	0	0	0	0	0	0
31	0	0	0	0	0	0.0238	0	0	0	0	0	0	0.0138	0
32	0	0	0	0	0	0	0	0	0	0	0	0	0.0364	0.0443
33	0	0	0	0	0	0	0	0	0	0	0	0	0	0.0731
34	0	0	0	0	0	0	0	0	0	0	0	0	0.0183	0.1038
35	0	0	0	0	0	0	0	0	0	0	0	0	0	0
36	0	0	0	0	0	0	0	0	0	0	0	0	0.0842	0
37	0	0	0	0	0	0	0	0	0	0	0	0	0	0
38	0	0	0	0	0	0	0	0	0	0	0	0	0	0
39	0	0	0	0	0	0	0	0	0	0	0	0	0	0
40	0	0	0	0	0	0	0	0	0	0	0	0	0	0
41	0	0	0	0	0	0	0	0	0	0	0	0	0	0
42	0	0	0	0	0	0	0	0	0	0	0	0	0	0

续表

产业部门	29	30	31	32	33	34	35	36	37	38	39	40	41	42
1	0	0.1246	0	0	0	0	0	0	0	0	0	0	0	0
2	0	0	0	0	0	0	0	0	0	0	0	0	0	0
3	0	0	0	0	0	0	0	0	0	0	0	0	0	0
4	0	0	0	0	0	0	0	0	0	0	0	0	0	0
5	0	0	0	0	0	0	0	0	0	0	0	0	0	0
6	0	0.294	0	0	0	0	0	0	0	0	0	0	0	0
7	0	0	0	0	0	0	0	0	0	0	0	0	0	0
8	0	0	0	0	0	0	0	0	0	0	0	0	0	0.027
9	0	0	0	0	0	0	0	0	0	0	0	0	0	0
10	0	0	0.0283	0.0162	0	0.0715	0	0	0	0	0	0	0	0
11	0.0803	0	0	0	0	0	0	0	0	0	0	0	0	0
12	0	0	0	0	0	0	0	0.0457	0	0	0	0.3239	0	0
13	0	0	0	0	0	0	0	0	0	0	0	0	0	0
14	0	0	0	0	0	0.026	0	0	0	0	0	0	0	0
15	0	0	0	0	0	0	0	0	0	0	0	0	0	0
16	0	0	0	0	0	0	0	0	0	0	0	0	0	0
17	0	0	0	0	0	0	0	0	0	0	0	0	0	0

续表

产业部门	29	30	31	32	33	34	35	36	37	38	39	40	41	42
18	0.0722	0	0	0	0	0.0336	0	0	0	0	0	0	0	0
19	0	0	0	0	0	0	0	0	0	0	0	0	0	0
20	0	0	0.0558	0	0	0	0	0.046	0	0	0	0	0	0
21	0	0	0	0	0	0	0	0	0	0	0	0	0	0
22	0	0	0	0	0	0	0	0	0	0	0	0	0	0
23	0	0	0	0	0	0	0	0	0	0	0	0	0	0
24	0	0	0	0	0	0	0	0	0	0	0	0	0	0
25	0	0	0	0	0	0	0	0	0	0	0	0	0	0
26	0	0	0	0	0	0	0	0	0	0	0	0	0	0
27	0	0	0	0	0	0	0	0	0	0	0	0	0	0
28	0.0296	0	0	0	0	0.0362	0	0	0	0	0	0.0685	0	0.0274
29	0.1416	0	0	0	0	0.0505	0	0	0	0	0	0	0	0.0411
30	0	0	0	0.0213	0	0.0443	0	0	0	0	0	0	0	0.0621
31	0.0302	0	0.1979	0.0337	0	0	0	0	0	0	0	0	0	0
32	0.0935	0	0	0.068	0.1127	0.0683	0	0	0	0	0	0	0	0
33	0	0	0.0657	0.0608	0.0414	0.0603	0	0	0	0	0	0	0	0
34	0.0293	0	0.075	0.0622	0.0612	0.104	0	0.0515	0	0	0	0	0	0.0294

续表

产业部门	29	30	31	32	33	34	35	36	37	38	39	40	41	42
35	0	0	0	0	0	0	0	0	0	0	0	0	0	0
36	0	0	0	0	0	0	0	0.1401	0	0	0	0	0	0
37	0	0	0	0	0	0	0	0	0	0	0	0	0	0
38	0	0	0	0	0	0	0	0	0	0	0	0	0	0
39	0	0	0	0	0	0	0	0	0	0	0	0	0	0
40	0	0	0	0	0	0	0	0	0	0	0	0	0	0
41	0	0	0	0	0	0	0	0	0	0	0	0	0	0
42	0	0	0	0	0	0	0	0	0	0	0	0	0	0

注：本表涵盖了产业的内部循环。当需要不考虑内循环的表时，将对角线元素设为 0。

附表 A7

中国 2020 年产业部门名称及代号的对应

代号	产业名称	代号	产业名称
1	农林牧渔产品和服务	18	交通运输设备
2	煤炭采选产品	19	电气机械和器材
3	石油和天然气开采产品	20	通信设备、计算机及其他电子设备
4	金属矿采选产品	21	仪器仪表
5	非金属矿及其他矿采选产品	22	其他制造业和废品废料
6	食品及烟草	23	金属制品、机械和设备修理服务
7	纺织品	24	电力、热力的生产和供应
8	纺织服装鞋帽皮革羽绒及其制品	25	燃气生产和供应
9	木材加工品和家具	26	水的生产和供应
10	造纸印刷和文教体育用品	27	建筑
11	石油、炼焦产品和核燃料加工品	28	批发和零售
12	化学产品	29	交通运输、仓储和邮政
13	非金属矿物制品	30	住宿和餐饮
14	金属冶炼及压延加工品	31	信息传输、软件和信息技术服务
15	金属制品	32	金融
16	通用设备	33	房地产
17	专用设备	34	租赁和商务服务

续表

代号	产业名称
35	研究和试验发展
36	综合技术服务
37	水利、环境和公共设施管理
38	居民服务、修理和其他服务

代号	产业名称
39	教育
40	卫生和社会工作
41	文化、体育和娱乐
42	公共管理、社会保障和社会组织

参 考 文 献

［1］陈红儿，陈刚．区域产业竞争力评价模型与案例分析［J］．中国软科学，2002，（1）：99－104.

［2］陈锡康，杨翠红．投入产出技术［M］．北京：科学出版社，2011.

［3］陈效珍．山东省产业循环结构的比较分析［J］．东岳论丛，2015，（4）：98－103.

［4］陈效珍，赵炳新．产业网络上的几类模型［M］．北京：经济科学出版社，2015.

［5］陈效珍，赵炳新．基于虚拟消去法（HEM）的产业关联修正影响系数研究［J］．管理评论，2014，25（6）：23－32.

［6］［美］F. 哈拉里著，李慰萱译．图论［M］．上海：上海科学技术出版社，1980.

［7］方爱丽，高齐圣，张嗣瀛．产业网络的聚集性和相关性分析［J］．系统工程理论与实践，2009，29（6）：178－183.

［8］贺灿飞．经济转型与中国省区产业结构趋同研究［J］．地理学报，2008，63（8）：807－819.

［9］黄守坤，李文彬．产业网络及其演变模式分析［J］．中国工业经济，2005（4）：53－60.

［10］李善同，钟思斌．我国产业关联和产业结构变化的特点分析［J］．管理世界，1998（3）：61－68.

［11］李小建．经济地理学中的企业网络研究［J］．经济地理，

2002 (5): 516－519.

　　[12] 林毅夫. 新结构经济学 [M]. 北京: 北京大学出版社, 2012.

　　[13] 刘军. 整体网分析讲义 [M]. 上海: 上海人民出版社, 2009.

　　[14] 刘起运, 陈璋, 苏汝劼. 投入产出分析 [M]. 北京: 中国人民大学出版社, 2006.

　　[15] [美] 罗斯托. 从起飞进入持续增长的经济学 [M]. 贺力平, 等译. 成都: 四川人民出版社, 1988.

　　[16] [美] 迈克尔·波特. 竞争优势 [M]. 陈小悦, 译. 北京: 华夏出版社, 1997.

　　[17] [美] 迈克尔·波特. 国家竞争优势 [M]. 李明轩, 邱如美, 等译. 北京: 华夏出版社, 2002.

　　[18] 苏东水. 产业经济学 [M]. 北京: 高等教育出版社, 2010.

　　[19] 田丰. 图与网络流理论 [M]. 北京: 科学出版社, 1987.

　　[20] 汪小帆, 李翔, 陈关荣. 网络科学导论 [M]. 北京: 高等教育出版社, 2012.

　　[21] 王德利, 方创琳, 高镛. 基于投入产出的中日美产业关联结构演进比较 [J]. 地理科学进展, 2010, 19 (5): 609－618.

　　[22] 王茂军, 杨雪春. 四川省制造产业关联网络的结构特征分析 [J]. 地理学报, 2011, 66 (2): 212－222.

　　[23] 王岳平, 葛岳静. 我国产业结构的投入产出关联特征分析 [J]. 管理世界, 2007 (2): 61－68.

　　[24] 吴开亚, 陈晓剑. 基于二元关系的产业关联分析方法研究 [J]. 中国管理科学, 2003, 3 (11): 62－65.

　　[25] 袭养军. 产业结构研究 [M]. 上海: 上海财经大学出版社, 2002.

　　[26] 邢李志. 基于复杂网络理论的区域产业结构网络模型研究 [J]. 工业技术经济, 2012 (2): 19－29.

　　[27] 杨晓耘, 王敬敬, 唐勃峰. 复杂网络视角下的产业网络研究

［J］. 北京科技大学学报（社会科学版），2010，26（3）：127－131.

［28］张丹宁，唐晓华. 产业网络组织及其分类研究［J］. 中国工业经济，2008（2）：57－65.

［29］赵斌. 中国西北地区主导产业选择研究［D］. 北京：北京交通大学，2011.

［30］赵炳新，陈效珍，陈国庆. 产业基础关联树的构建与分析——以山东、江苏两省为例［J］. 管理评论，2013（2）：35－42.

［31］赵炳新，陈效珍，张江华. 产业圈度及其算法［J］. 系统工程理论与实践，2014，34（6）：1388－1397.

［32］赵炳新，尹翀，张江华. 产业复杂网络及其建模研究——基于山东省实例的分析［J］. 经济管理，2011（7）：139－148.

［33］赵炳新，张江华. 产业网络理论导论［M］. 北京：经济科学出版社，2013.

［34］赵彦云. 中国产业竞争力研究［M］. 北京：经济科学出版社，2009.

［35］中国人民大学竞争力与评价研究中心研究组. 中国国际竞争力发展报告（2001）——21世纪发展主题研究［M］. 北京：中国人民大学出版社，2002.

［36］中国投入产出学会课题组. 我国目前产业关联度分析——2002年投入产出表系列分析报告之一［J］. 统计研究，2006，11：3－8.

［37］朱英明. 中国产业集群结构研究［J］. 系统工程学报，2007，22（3）：225－232.

［38］Al－garadi M. A.，Varathan K. D.，Ravana S. D. Identification of influential spreaders in online social networks using interaction weighted K－core decomposition method［J］. *Physica A：Statistical Mechanics and its Applications*，2017，468，278－288.

［39］Aroche－Reyes F. Structural transformations and important coefficients in the North American economies［J］. *Economic Systems Research*，2002，14：257－273.

［40］ A. S. G. Muñiz, C. R. Carvajal, A. M. Raya. Spanish and europe-an innovation diffusion: A structural hole approach in the input-output field ［J］. *The Annals of Regional Science*, 2010, 44 (1): 147 – 165.

［41］ Bang – Jensen J. , Gutin G. *Digraphs Theory, Algorithms and Applications* ［M］. Springer – Verlag, 2007.

［42］ Barabási A – L, Albert R. Emergence of scaling in random net-works ［J］. *Science*, 1999, 286 (5439): 509 – 512.

［43］ Bazzazan F. , Homaei A. A study of the relationship between eco-nomic growth and oil sector in the Iranian economy ［J］. *Workpaper*, 2012.

［44］ Cai J. , Leung P. Linkage measurement: A revisit and a sugges-ted alternative ［J］. *Economic Systems Research*, 2004, 16 (1): 65 – 85.

［45］ Campbell J. Application of graph theoretic analysis to interindustry relationships ［J］. *Regional Science and Urban Economics*. 1975, 5: 91 – 106.

［46］ Campbell J. The relevance of input-output analysis and digraph concepts to growth pole theory ［D］. University of Washington, 1970.

［47］ Cella G. The input-output measurement of interindustry linkages ［J］. *Oxford Bulletin of Economics and Statistics*, 1984, 46 (1): 73 – 84.

［48］ CzaykaL. , Krauch H. A graph-theoretical approach to the aggre-gation of individual preference orderings ［J］. *Theory and Decision*, 1972, 3 (1): 12 – 17.

［49］ Dent C. M. The ASEM: Managing the new framework of the EU's economic relations with East Asia ［J］. *Pacific Affairs*, 1997, 70 (4): 495 – 516.

［50］ Diestel R. *Graph Theory* ［M］. New York: Springer – Verlag, 2000.

［51］ Dietzenbacher E. , Van Der Linden J. A. Sectoral and spatial linkages in the EC production structure ［J］. *Journal of Regional Science*, 1997, 37 (2): 235 – 257.

[52] Dietzenbacher E. Interregional multipliers: Looking backward, looking forward [J]. *Regional Studies*, 2002, 36: 125 – 136.

[53] Dong – Sung C. A dynamic approach to international competitiveness: The case of Korea [J]. *Journal of Far Eastern Business*, 1994, (1): 17 – 36.

[54] Duarte R., Sanchez – CholizJ., Bielsa J. Water use in the Spanish economy: An input-output approach [J]. *Ecological Economics*, 2002, 43 (1): 71 – 85.

[55] Dunning J. H. Internationalizing Porter's diamond [J]. *Management International Review*, 1993, 33 (2): 7 – 15.

[56] Fischer – Kowalski M. On the history of industrial metabolism [A]. In Bourg D. and Erkman S. *Perspectives on Industrial Ecology* [C]. Sheffield, UK: Greenleaf Publishing, 2003.

[57] Freeman L. A set of measures of centrality based upon betweenness [J]. *Sociometry*, 1977, 40, (1): 35 – 41.

[58] Freeman L. Centralityin social networks: Conceptual clarification [J]. *Social Networks*, 1979, 1 (3): 215 – 239.

[59] Gaulier G., Lemoine F., Ünal – Kesenci D. China's emergence and the reorganization of trade flows in Asia [J]. *China Economic Review*, 2007, 18: 209 – 243.

[60] Ghosh S., Roy J. Qualitative input-output analysis of the Indian economic structure [J]. *Economic Systems Research*, 1998, 10 (3): 263 – 273.

[61] Gurgul H., Lach Ł. Some remarks on a social network approach to identifying key sectors [J]. *Economic Systems Research*, 2018, 30 (1): 120 – 135.

[62] Hakansson H., Johanson J. *Industrial Networks: A New View of Reality* [M]. London: Routledge Press, 1992.

[63] Hans F., Sabine J., Laurence K. J. Will China Eat Our Lunch

or Take Us Out to Dinner? [Z]. Simulating the Transition Paths of the U. S. , EU, Japan, and China. NBER Working Paper No. 11668, 2005.

[64] Harary F. *Graph Theory* [M]. Reading Massachusetts, Menlo Park, Ca. , London, Don Mills, Ontario: Addison Wesley, 1969.

[65] HirschmanA. O. *The Strategy of Economic Development* [M]. New Haven: Yale University Press, 1958.

[66] Holub H. W. , Schnabl H. Qualitative input-output analysis and structural information [J]. *Economic Modelling*, 1985, 2: 67 – 73.

[67] Jones L. The measurement of hirschmanian linkages [J]. *Quarterly Journal of Economics*, 1976, 90 (2): 323 – 333.

[68] Karagiannis G. , Tzouvelekas V. Sectoral linkages and industrial efficiency: A dilemmaor a requisition in identifying development priorities? [J]. *The Annals of Regional Science*, 2010, 45: 207 – 233.

[69] Kitsak M. , Gallos L. K. , Havlin S. Identifying influential spreaders in complex networks [J]. *Nature Physics*, 2010, 6 (11): 888 – 893.

[70] Kuznets S. *Modern Economic Growth: Rate, Structure and Spread* [M]. New Haven, Yale University Press, 1966.

[71] Leontief W. W. Quantitative input and output relations in the economic systems of the United States [J]. *The Review of Economics and Statistics*, 1936, 18 (3): 105 – 125.

[72] Lin L. Analysis on the topological structure of inter-enterprise technology transfer network: Taking z-park as an example [J]. *International Journal of Modern Physics B*, 2020, 34 (11).

[73] Lin Y. F. *New Structural Economics* [M]. Washington DC, The World Bank, 2012.

[74] Lopes J. C. . High employment generating sectors in Portugal: An interindustry approach [J]. *International Journal of Latest Trends in Finance & Economic Sciences*, 2012, 6 (2): 125 – 135.

［75］ Miller R. E. , Blair P. D. *Input-output Analysis*: *Foundations and Extensions* ［M］. Cambridge: Cambridge University Press, 2009.

［76］ Morillas A. , Robles L. Input output coefficients importance: A fuzzy logic approach ［J］. *International Journal of Uncertainty*, *Fuzziness and Knowledge – Based Systems*, 2011, 19 (6): 1013 – 1031.

［77］ Morone F. , Del Ferraro G. , Makse H. A. The k-core as a predictor of structural collapse in mutualistic ecosystems ［J］. *Nature Physics*, 2019, 15 (1): 95 – 102.

［78］ Porter M. E. The competitive advantage of nations ［J］. *Harvard Business Review*, 1990, 3 – 4: 73 – 93.

［79］ Ralston D. A. , Holt D. H. , Terpstra R. H. , Cheng Y. K. The impact of national culture and economic ideology on Managerial work values: A study of the United States, Russia, Japan, and China ［J］. *Journal of International Business Studies*, 1997, 28 (1): 177 – 207.

［80］ Rasmussen P. *Studies in Inter-sectoral Relations* ［M］. Copenhagen: Einar Harks, 1956.

［81］ Rosenfeld A. Fuzzy graphs ［A］. in *Fuzzy Sets and Their Applications* ［C］. eds. L. A. Zadeh, K. S. Fu & M. Shimura. New York: Academic Press, 1975.

［82］ Rosenstein – Rodan P. Problems of industrialization of Eastern and South Eastern Europe ［J］. *Economic Journal*, 1943 (111): 202 – 211.

［83］ Rugman A. M. , Cruz D. , Joseph R. "The Double Diamond" model of international competitiveness: The Canadian experience ［J］. *Management International Review*, 1993, 33 (2): 17 – 39.

［84］ Schnabl H. , West G. , Foster J. A new approach to identifying structural development in economic systems the case of the Queensland economy ［J］. *Australian Economic Papers*, 1999, 38 (1): 64 – 78.

［85］ Schnabl H. . The ECA – method for identifying sensitive reactions within an IO context ［J］. *Economic Systems Research*, 2003, 15 (4): 495 –

504.

［86］ Schnabl H. The evolution of production structures analyzed by a Multi – Layer procedure ［J］. *Economic Systems Research*, 1994, 6: 51 – 68.

［87］ Schultz S. Approaches to identifying key sectors empirically by means of input-output analysis ［J］. *Journal of Development Studies*, 1977, 14 (1): 77 – 96.

［88］ Seidman S. B. Network structure and minimum degree ［J］. *Social Networks*, 1983, 5: 269 – 287.

［89］ Shannon C. E. , Weaver W. *The Mathematical Theory of Communication* ［M］. Urbana IL: University of Illinois Press, 1949.

［90］ Sherman J. , Morrison W. Adjustment of an inverse matrix corresponding to a change in one element of a given matrix ［J］. *Annals of Mathematical Statistics*, 1950, 17: 124 – 127.

［91］ Shiro H. , Hewings G. J. D. , Okamoto N. Identifying the structural changes of China's spatial production linkages using a qualitative input-output analysis ［Z］. Working Paper no. REAL 05 – T – 05, The Regional Economics Applications Laboratory (REAL), University of Illinois, 2005.

［92］ Slater P B. The determination of groups of functionally intergraded industries in the United States using a 1967 inter-industry flow table ［J］. *Empirical Economics*, 1977, 2: 1 – 9.

［93］ Sonis M. , Guilhoto J. J. M. , Hewings G. J. D. Linkages, key sectors and structural change: Some new perspectives ［J］. *Developing Economies*, 1995, 33 (9): 233 – 270.

［94］ Titze M. , Brachert M. , Kubis A. The identification of regional industrial clusters using qualitative input-output analysis (QIOA) ［J］. *Regional Studies*, 2011, 45 (1): 89 – 102.

［95］ Yan C. , Ames E. Economic interrelatedness ［J］. *The Review of Economic Studies*, 1965, 32 (4): 299 – 310.